Kraftcocktail
KORNELKIRSCHE

HAUSGEMACHT

avBUCH

Eduard Gugenberger · Fotos von Fritz Kalteis

Kraftcocktail KORNELKIRSCHE

DIE DIRNDL FÜR KENNER UND GENIESSER

avBUCH

INHALT

DIE DIRNDL AUS DEM PIELACHTAL

Ein Tal findet seine Identität

„Menschlicher Erfindergeist vermag vieles, das Beste aber gibt immer noch die Natur!"

Anton Gonaus

Die klimatischen Verhältnisse und der kalkhaltige Boden bilden ideale Voraussetzungen für die Dirndlstöcke im Pielachtal. Über Jahrhunderte wurde das Holz der Dirndln verwendet und die Dirndlfrucht zu herrlich schmeckenden Produkten verarbeitet. Die Technisierung nach 1960 brachte zwar Wohlstand, aber wertvolles Kulturgut geriet immer mehr in Vergessenheit. Die Dirndln waren bei der Bewirtschaftung störend und wurden häufig gerodet. Im Rahmen der Erstellung des regionalen Entwicklungskonzeptes am Beginn der talweiten Zusammenarbeit der Pielachtalgemeinden im Jahr 1994 machte ich den Vorschlag, sich doch der alten Stärken zu besinnen und den damals fast vergessenen Dirndlbrand zu reaktivieren. Die Edelbrandgemeinschaft Pielachtal wurde gegründet. Begleitet vom Regionalbüro Pielachtal erlebte die Verarbeitung von Dirndlprodukten eine unwahrscheinliche Renaissance.

„Pielachtal – das Dirndltal" ist ein mehrfach ausgezeichneter touristischer Markenbegriff geworden, der von den Gastronomiebetrieben des Tales mitgetragen wird. Die im Pielachtal landschaftsprägenden Dirndlstöcke mit ihrer hohen ökologischen Bedeutung werden wieder bewirtschaftet und gepflegt und junge Pflanzen werden neu gesetzt. Die Dirndln selbst werden von unseren Bauern zu hochwertigen Produkten wie Likör, Saft, Marmelade und

Die Pielach,
der Fluss im Tal der Dirndln

dem „Original Pielachtaler Dirndlbrand" verarbeitet und finden am Markt einen guten Absatz.

Dieser erfolgreiche Weg, der 1994 zunächst im Kleinen begann, fand im Jahr 2007 mit der österreichweiten Anerkennung als Genussregion „Pielachtaler Dirndl" einen weiteren Höhepunkt.

Als Obmann der Regionalplanungsgemeinschaft Pielachtal, der diese Entwicklung von Beginn an begleiten durfte, bedanke ich mich bei den Gemeindevertretern, insbesondere den Bürgermeisterkollegen der Pielachtalgemeinden, für ihre Weitsicht, und dass sie diese Entwicklung mitgetragen, mitfinanziert und vorangetrieben haben. Ich bedanke mich auch bei den Funktionären der „Dirndl-Edelbrand-Dörrobstgemeinschaft Pielachtal" und deren Vorgängerorganisationen für den großartigen Einsatz und die wertvolle Aufbauarbeit.

Mit der Entscheidung, ein Dirndlbuch herauszugeben, sind wir zwar weltweit die erste Region, aber um die Idee umzusetzen, braucht es kompetente Autoren. Dr. Eduard Gugenberger und Fritz Kalteis ist es hervorragend gelungen, alles Wissenswerte – beginnend mit der Mythologie über die Botanik bis zur heutigen Bedeutung der Dirndl – festzuhalten.

Ihnen, sehr geehrte Leserinnen und Leser, wünsche ich viel Freude bei der Lektüre, und dem Pielachtal – dem Tal der Dirndl – eine weiterhin so erfolgreiche Entwicklung. In der Gemeinsamkeit liegt unsere Stärke.

Bgm. Anton Gonaus
Obmann der Regionalplanungsgemeinschaft Pielachtal

Im Innern des Pielachtals

EINLEITUNG

Kornelkirsche? Dirndl? Was ist das schon wieder?

Nun, wer unbedarft dieses Buch aufschlägt, sich erst einmal an den Abbildungen orientiert und so versucht herauszufinden, worum es da geht, wird feststellen: Ach ja, schon irgendwo irgendwann einmal gesehen. Und wer im Alpenvorland, vielleicht sogar im Pielachtal aufgewachsen ist oder dort des Öfteren seinen Urlaub verbracht hat, wird sich vielleicht erinnern: Das war ja diese Pflanze, damals. Als Kinder haben wir die noch nicht ganz reifen und daher ziemlich herb schmeckenden Früchte als Mutprobe im Mund zermanscht und mit abgebrochenen Zweigen Kämpfe ausgefochten. Wer mit Dirndlstöcken gegen Andere zu Felde zog, war immer Gewinner. Denn wo anderes Holz zerbrach, blieben die Dirndlzweige hart. Das ist nur eine ihrer vielen Besonderheiten. Und genau diese Besonderheiten machen das Wesen der schon von der Form her eigenartigen Pflanze aus. Also, um die Sache klarzustellen: In diesem Buch geht es um einen botanischen Sonderling. Einen Sonderling, der gerade eben erst in einem Tal, das auch auf menschlicher Ebene besonders reich an Sonderlingen ist, zum Symbol erkoren wurde. Das Pielachtal nennt sich nämlich seit ein paar Jahren – durchaus stolz – das Dirndltal.

Dirndlblüte über der Mariazellerbahn

Eine eigenwillige Pflanze

Die Pflanze, um die es in diesem Buch geht, hat in vielerlei Hinsicht Einzigartiges zu bieten. Irgendwo zwischen Strauch und Baum angesiedelt, gehört ihr Holz zu den härtesten, die es gibt. Es ist das einzige inländische Holz, das nicht schwimmt.

Ihre hellgelben Blüten sind meist die ersten, die uns nach der harten Winterszeit, oft noch zwischen schneebedeckten Zweigen, entgegenleuchten. Und ihre länglichen, meist roten Früchte haben einen Geschmack, der ganz typisch und unverkennbar ist. Sie sind süßsauer und wahre Vitamin-C-Bomben.

In den Früchten drinnen schließlich sind „Kern-Kraftwerke", die dem Wiener Kaffee einst sein spezielles Aroma verliehen – wir werden darauf noch zurückkommen.

Griechische Götter haben die Pflanze ebenso geliebt wie Dichter vom Schlage eines Goethe. Und auch wenn der so genannte *mainstream* der normierten Früchteproduktion an ihr vorüber gegangen ist, ist sie bei denen, die noch genießen können, nach wie vor – oder eben wieder – beliebt. Im Kaukasus, ihrem Herkunftsgebiet, ebenso wie in vielen Regionen Mitteleuropas.

Pielachtal – das Dirndltal

Im Pielachtal ist die Dirndl – oder Kornelkirsche, wie sie hochdeutsch genannt wird – besonders weit verbreitet, und sie hat dort in den letzten Jahren eine wachsende Zahl an Liebhabern gefunden. Die lokale Aktionsgruppe (Regionalplanungsgemeinschaft) dieses Tales war es denn auch, die das vorliegende Buch in Auftrag gegeben hat. Der Bezug zu diesem herrlichen Vorgarten der Alpen im Herzen Niederösterreichs wird also immer wieder zur Sprache kommen. Aber natürlich wollen wir die weite Welt der Dirndl nicht aus den Augen verlieren. Kulturelle Impulse tun immer gut. Und vielleicht ist die Dirndl auch ein Stück Natur, das uns solche Verbindungen – über alle menschlichen Grenzen hinweg – herzustellen hilft. Das vorliegende Buch will diesbezüglich ein kleiner Wegweiser sein. Dass es überhaupt zustande kam, ist den Gemeinden des Pielachtals zu verdanken, die die Bedeutung der Dirndl erkannt und eine

Dirndl in voller Blüte

entsprechende Markenlinie entwickelt haben. Und sie haben sich auch mit viel Enthusiasmus auf dieses Buchprojekt eingelassen. So sei zuallererst jenen Dirndl- alias Pielachtalern gedankt, die mir bei meinen Recherchen mit Rat und Tat zur Seite standen – einige von ihnen kommen im Buch auch zu Wort. Speziell hervorgehoben seien hier die Familien Bauer, Fuxsteiner, Gatterer, Gonaus und Grasmann, Gottfried Auer von der Gemeinde Rabenstein sowie die Regionsbetreuerinnen Petra Scholze-Simmel, Martina Grill und Karin Peter. Eva Wozelka hat die Rezepte vorlektorisch überflogen und Robert Teufel die „wissenschaftlichen" Aspekte. Besonderen Dank an beide, ebenso natürlich an meinen Fotografen und Produktionspartner Fritz Kalteis.

Über den regionalen Rahmen hinaus haben zahlreiche Experten im Umgang mit der Pflanze an der Texterstellung mitgewirkt – oder wurden von mir als Sekundärliteratur zu Rate gezogen. Auch ihnen möchte ich danken: Zuallererst sei hier Georg Schramayr genannt, einer der umfassendsten Dirndlkenner und selbstständig in der „Naturvermittlung" Tätiger, der im Rahmen von Vorträgen (nicht nur) das Bundesland Niederösterreich mit Insiderwissen versorgt. Sonja Glatzel-Anzberger hat mir ihre Diplomarbeit samt Fotos zur Verfügung gestellt. Und nicht zu vergessen natürlich Michael Machatschek, der auf Vorträgen und Seminaren, aber auch per Buch grundlegende Informationen – nicht nur zum Thema Dirndl – vermittelt. Sie alle haben wichtige inhaltliche Anstöße geliefert.

Schlussendlich sei noch auf Hans Weiß verwiesen, der als Betreiber des mehrfach ausgezeichneten Steinschalerhofs wichtige Impulse zur Wiederbelebung der Dirndl-Kultur im Pielachtal setzte.

Bleibt zu hoffen, dass diese Anstöße auch von Ihnen, die Sie dieses Buch in den Händen halten, übernommen und weitergetragen werden. Die Dirndl könnte auch ein Symbol für eine neue Beziehung zur Natur sein – zu einer Zeit, da uns ökologische und klimatische Katastrophen über den Kopf zu wachsen drohen.

Eduard Gugenberger
Pielachtal, im Herbst 2007

KAUKASISCHE WURZELN

Sommer 2006. Ein Deutschkurs in der niederösterreichischen Landeshauptstadt St. Pölten. Lernwillige Studenten wollen ihre Kenntnisse der deutschen Sprache erweitern. Aber zuallererst möchten sie natürlich wissen, mit wem sie es zu tun haben. Was die anderen so machen, und vor allem, was der Lehrer tut – außerhalb des Unterrichts. Seine Antwort: Bücher schreiben. Derzeit eines über eine Pflanze, die hierzulande Dirndl heißt. Unwissendes Kopfschütteln. Bekannt ist sie auch als Kornelkirsche oder wissenschaftlich *cornus mas.* Das Kopfschütteln wird heftiger und ergänzt durch Schulterzucken. Dem Lehrer bleibt also nichts anderes übrig, als zu einem etwas deutlicheren Mittel zu greifen. Er zeigt ein Foto. Aus Schulterzucken wird Mundverziehen – bei einigen. Die georgischen Schülerinnen hingegen geraten in helle Begeisterung: Das ist ja *schwindi,* das wächst bei uns überall. Das essen wir und machen Getränke daraus, und auch bei Künstlern ist es als Material für verschiedenste Werke beliebt. Den ganzen Kurs über bleibt *schwindi* oder besser *švindi,* wie die Pflanze eigentlich geschrieben wird, Thema.

Nationalpflanze Georgiens

In der Tat ist *cornus mas* ein bedeutendes Gewächs in Georgien wie im gesamten kaukasischen Raum. Sie hat hier gleichsam ihre Wurzeln, ihren Ursprung. Vor mehreren Millionen Jahren, immer wieder durch Eiszeiten zurückgedrängt, letztlich aber unverwüstlich, hat sich *švindi,* die Dirndl, weite Flächen erobert. Sie hat schließlich auch den Menschen Nahrung ebenso wie Material für verschiedene Gerätschaften geliefert und ist fast so etwas wie eine heimliche Nationalpflanze Georgiens geworden. Dieses ehemals zur Sowjetunion gehörige, seit 1991 unabhängige Land, liegt südlich des Kaukasus. Aber auch nördlich des bis über 5.000 Meter aufragenden Gebirgszuges ist *cornus mas* bekannt und beliebt.

Dirndlverkauf in Georgien

In vielen kaukasischen Gebieten herrscht heute bittere Not. Seit mehr als einem Jahrzehnt nun schon. Die Dirndl ist deshalb, den Erzählungen der Geflüchteten ebenso wie den georgischen Deutsch-Schülerinnen zufolge, eine wichtige Nahrungsquelle: für alle zugänglich, vielfach verwertbar und in jeder Hinsicht nahrhaft. Aber nicht nur die Frucht wird verwendet, auch das Holz findet nachhaltig Verwendung. Es ist das härteste, das es in dieser Region gibt. Und entsprechend vielfältig wird es auch verarbeitet. Nicht nur in ihrem Ursprungsgebiet hilft die Pflanze armen Leuten in Zeiten der Not über die Runden. Sie hat diesbezüglich vor gar nicht so langer Zeit auch bei uns ihren Beitrag geleistet.

Geerntet und verwertet werden von den Kaukasiern hauptsächlich wilde Pflanzen. Daneben gibt es seit einiger Zeit auch eine Reihe gezüchteter Sorten. Aber gleichgültig, ob gezüchtet oder wild, im gesamten Gebiet rund um den Kaukasus bearbeiten Handwerker und Künstler das Holz, und Köche wie Köchinnen haben eine Vielzahl von Speisen entwickelt, unter denen sich einige köstliche Besonderheiten finden. So werden zum Beispiel die im Gebiet des Nationalparks Borjomi im Herzen Georgiens gesammelten *švindi* nach einem mittelalterlichen Klosterrezept zu einer besonders fruchtigen und wohltuenden Marmelade verarbeitet.

Zur Einstimmung finden Sie hier drei Möglichkeiten der Verarbeitung der Dirndlfrüchte aus deren Ursprungsland. Übermittelt wurden sie von den Georgierinnen Daredschani und Tina Teteloschvili.

Švindis džemi (Kalte Dirndlmarmelade)

Dschemi, dieses georgische Wort, klingt ein wenig nach *jam,* worunter im Englischen eine Marmelade bzw. Konfitüre verstanden wird. *Dschemi* ist tatsächlich so etwas wie ein *jam;* und doch ganz anders, sowohl in der Herstellung als auch im Geschmack. Und so wird die kaukasische Marmelade gemacht:

Die reifen Früchte gut waschen, ebenso gut trocknen und anschließend vom Kern reiben. Ein Kilogramm kernloses Fruchtfleisch wird mit eineinhalb Kilogramm Zucker vermischt und ein paar Tage stehen gelassen. Dabei sollte von Zeit zu Zeit umgerührt werden. Wenn Zucker und Frucht gut gemischt sind, füllt man die Mischung in ein Glas, schließt dieses luftdicht ab und bewahrt es an einem kühlen Ort auf.

Švindis kerki (Getrocknete Dirndl)

Einem alten kaukasischen Rezept zufolge werden getrocknete *švindis* folgendermaßen gemacht: Zuerst kocht man Wasser auf, gibt die Früchte hinein und lässt diese fünf bis acht Minuten köcheln. Danach legt man die *švindis* auf eine flache Schale an einen sonnigen Ort und lässt sie mehrere Tage gut trocknen. Ist dies geschehen, bewahrt man die getrockneten Früchte in einem Leinensack auf.

Švindis kompoti (Dirndlkompott)

Kompotte sind bei Georgiern überaus beliebt. Selbstverständlich werden auch *švindis* zu Kompott verarbeitet. Dazu benötigt man einen Liter Wasser, 200 Gramm Zucker und 300 Milliliter entkernte Früchte. Die Früchte werden im Zuckerwasser bissfest gekocht.

Wie Dirndln bei uns verarbeitet werden, darauf kommen wir gegen Schluss des Buches noch zurück.

Die Verbreitung der Dirndl

Die Dirndl ist eine uralte Pflanzenart. Die ältesten fossilen Reste, die bislang gefunden wurden, stammen aus der jüngeren Kreidezeit, sind also mehr als 70 Millionen Jahre alt.

Von der Kaukasusregion, ihrer ursprünglichen Heimat, drang die Dirndl allmählich südwärts bis ins wilde Kurdistan vor. Während der nachfolgenden Ära, die früher „Tertiär", das dritte geologische Weltzeitalter, genannt wurde, verbreitete sich *cornus mas* von dort aus ostwärts bis Mittelasien und westwärts über Anatolien bis in die ägäische Küstenregion.

Der Bosporus und die Dardanellen, die Asien von Europa trennen, sind nicht sonderlich breit, und so

Das ursprüngliche Verbreitungsgebiet der Dirndl

fand die Dirndl – noch immer ohne Zutun des Menschen, wohl aber mit Hilfe von Vögeln – ihren Weg auf den Balkan.

In den Donauraum scheint sie erst später, nach der letzten großen Eiszeit, also vor mehr als zehntausend Jahren, gelangt zu sein. Zu jener Zeit rückte sie auch nördlich des Schwarzen Meeres weiter nach Westen vor. Vor allem in der Ukraine und ganz besonders auf der Krim fand sie eine neue Heimat, ehe sie weiter westwärts über die Karpaten nach Mitteleuropa vorrückte.

Alpenvorland als Idealstandort

Im österreichischen Alpenvorland, im Burgenland und in der Steiermark hat die Dirndl eine ganz besonders gedeihliche Heimat gefunden. Dass sie sich gerade im Pielachtal so gut eingelebt hat, mag verschiedene Gründe haben. Georg Schramayr, von dem eingangs schon kurz die Rede war, geht davon aus, dass der Gesamtcharakter des Klimas und die geologischen Voraussetzungen – Sandstein, Flysch-Mergelschichten und Ähnliches mehr – im Pielachtal und den angrenzenden Regionen wesentlich für das gute Gedeihen der Dirndl sind.

Die bevorzugten Standorte der Dirndlsträucher waren und sind humose, kalkhaltige, nicht allzu feuchte Böden. Auf Lehm gedeiht die Pflanze ganz besonders gut. Oberflächliche Nährstoffarmut macht ihr nichts aus. Saure Silikatböden, sprich verwitterten Granit und Gneis, wie sie etwa im niederösterreichischen Waldviertel vorkommen, mag sie gar nicht, ebenso wenig Unterlagen, die staunass oder allzu dicht sind. Hat die Pflanze ohne menschlichen Eingriff die Wahl, dann entscheidet sie sich zumeist für sonnige Plätze in lichten Wäldern oder an Waldrändern. Manchmal findet man sie auch freistehend, auf Hängen und dort, wo üblicherweise nicht sehr viele andere Sträucher zu finden sind – auf Schotteraufschüttungen in Augebieten zum Beispiel oder rund um Felsklüfte. In südlicheren Gefilden versteckt sie sich mitunter gern in Wäldern. Sonne ist ja gut, aber zu viel muss auch wieder nicht sein.

Am Nordhang des Kaukasus findet man Dirndlsträucher bis in Höhen von rund 1.500 Metern, am Südhang bis auf 1.800 Meter. Weiter südlich, in Armenien und Anatolien, geht es sogar in noch höhere Regionen. Bei uns aber setzt das alpine Klima der Pflanze doch ein wenig zu, und so ist ihr Vorkommen im Norden der Alpen bei knapp 1.000 Metern begrenzt. Im Süden klettert sie deutlich höher, bis auf etwa 1.400 Meter, hinauf.

Bei ihrem Einzug nach Europa waren der doch eher wärmeliebenden Pflanze klimatisch auch noch andere Schranken gesetzt. Nach Norden hin nämlich sinkt die Temperatur und die Sonneneinstrahlung nimmt ebenfalls ab. Die Witterung wird rauer, frostiger, und das ist für Dirndlsträucher nicht unbedingt optimal. Die Grenze des autochthonen, also nicht vom Menschen beeinflussten Verbreitungsgebiets der Dirndl, verläuft vom Süden Belgiens über Luxemburg, Mitteldeutschland, Schlesien und Galizien bis ins südliche Russland. Dass sie heute auch noch weit darüber hinaus vorkommt, sogar in Skandinavien, auf den Britischen Inseln und in Nordamerika, ist hauptsächlich Menschenwerk. In Deutschland etwa findet man die Kornelkirsche speziell in Gärten und Parks. Die Gestalter solcher Anlagen setzen sie vor allem wegen des frühen gelben Blütenschmucks ein. Vielleicht ist die Pflanze hier auch deshalb so beliebt, weil sie einst der alte Geheimrat Johann Wolfgang von Goethe, der klassische Dichter schlechthin, verehrt hat. Im hohen Alter von knapp siebzig Jahren hat er sich eine Allee aus jenen Sträuchern anlegen lassen, die er „Dirlitzen" nannte. Eine Bezeichnung, die zwar in die Literatur einging, aber nur eine von Hunderten ist, wie wir später noch sehen werden.

DIRNDL – KULTURGUT SEIT DER URZEIT

Wann die Geschichte der Beziehung von Dirndl und Mensch begonnen hat, lässt sich nicht mit Sicherheit sagen. Wir können nur vermuten, dass die Früchte schon unseren nomadisch lebenden steinzeitlichen Vorfahren gut gemundet haben, als kleine Vitaminbombe zwischendurch oder auch als wichtige Nahrungsquelle (in einem allerdings gar nicht so kargen Leben). Aller Wahrscheinlichkeit nach haben die auf Jagderfolge angewiesenen Menschen zudem bereits früh erkannt, dass sich das harte Holz bestens für diverse Jagdwaffen eignet.

Die Dirndl, seit Jahrtausenden vom Menschen geschätzt

Von Bedeutung seit der Jungsteinzeit

Vor mehr als 8.000 Jahren begann in Südosteuropa, beeinflusst vom nahöstlichen Raum, mit dem ersten gezielten Anbau von Nutzpflanzen und der Haltung von Tieren ein neuer Zeitabschnitt, der Neolithikum (Jungsteinzeit) genannt wird. Wie neuere archäobotanische Untersuchungen in Thrakien zeigen, gehörte *cornus mas* neben Hasel, Holunder, Efeu und Hopfen zu den bedeutendsten Sammelpflanzen dieser Ära. Mit der Sesshaftwerdung änderte sich allmählich die Beziehung der Menschen zu einzelnen Pflanzenarten. Durch Züchtungen wurden immer neue Getreide-, Gemüse- und auch Obstsorten gewonnen. Die Dirndl allerdings beließ man in ihrem Naturzustand, denn diese gedieh auch bestens ohne menschliches Zutun. Rund um das Schwarze Meer etwa war sie massenhaft zu finden – und wurde dort zu allen möglichen Zwecken verwendet. Das Holz für Speere und Lanzen, die Frucht für den Genuss. Als Völker aus diesem Raum westwärts nach Mitteleuropa zogen, wollten sie auf all dies wohl nicht verzichten. Und so scheinen sie den einen oder anderen Dirndlstrauch mitgenommen zu haben. Auch aus dem Balkanraum gelangten Exemplare dieser Pflanze ins Gebiet der Alpen.

Die Dirndl in Blüte und im Alter von drei Monaten

Frühe Funde in Mitteleuropa

Die ersten Hinweise auf eine Verwendung der Früchte in Mitteleuropa finden sich unter menschlichen Relikten aus dem späten 6. Jahrtausend vor Christus. Während der so genannten Bandkeramischen Kultur, die dem Neolithikum (späte Steinzeit) zugerechnet wird, sind aus dem balkanisch-griechischen Raum Menschen zugewandert, die hier diese Kultur erst begründeten. Nebst anderen wilden Früchten haben sie nachweislich auch Dirndln gesammelt, wie Kernfunde bei ihren Hinterlassenschaften – vom Donaugebiet bis in den Raum um Stuttgart – belegen.

Die Früchte dürften auch von Angehörigen späterer Kulturen verwendet worden sein. Als die Menschen sesshaft wurden, blieb die Dirndl ein beliebtes Sammelobjekt. So auch während der Kupferzeit, die oft als eine Art Anhängsel der Steinzeit betrachtet wird. Damals, etwa 3.300 vor Christus, wanderten kleinere Volksgruppen aus dem Osten und Südosten in den Raum zwischen der niederösterreichischen Thermenlinie und dem Traisental bis nach Mähren ein. Sie schufen hier eine bäuerlich-handwerkliche Kultur, die weitreichende Handelsbeziehungen bis nach Mitteldeutschland pflegte. Nach ihrem Erstfundort wird sie als „Badener Kultur" bezeichnet. Unter den von ihren Schöpfern nachgewiesenermaßen verwendeten 23 Gemüse- und Obstsorten findet sich neben Birne, Holzapfel, Vogelbeere, Felsenkirsche, Erdbeere und Holunder auch *cornus mas,* die Dirndl. Und zwar in durchaus erklecklichen Mengen. Reichhaltige Schichten von Dirndlkernen sind auch in bronzezeitlichen Kulturen Nieder- und Oberösterreichs sowie in der Umgebung norditalienischer und schweizerischer Pfahlbauten gefunden worden.

Die Dirndl bei Otto Wilhelm Thomé

In welcher Form die Menschen damals die Früchte nutzten, darüber kann nur spekuliert werden. Aber einiges deutet darauf hin, dass sie bereits früh die berauschende Wirkung, die mit ihnen erzeugt werden konnte, zu schätzen wussten. Aber natürlich wurde auch das Holz der Dirndl immer häufiger verwendet als Material für Speere, Lanzen und Pfeile zum Beispiel. Wegen seiner Festigkeit und Zähigkeit war es dafür ja bestens geeignet. Und als in der Bronzezeit das Eibenholz knapp wurde, sollen daraus auch Bögen gefertigt worden sein.

Von der Antike bis ins Mittelalter

Aus Zeit der Antike gibt es dank schriftlicher Überlieferungen deutlich häufigere Belege für die Verwendung von *cornus mas*. Dass die Früchte gern gegessen wurden, davon war ja schon die Rede. Wobei sie natürlich nicht nur Menschen zu schätzen wussten. Auch Haustiere bekamen sie zu fressen. Homer etwa berichtet in der „Odyssee" davon, dass die Dirndln Schweinen, konkret den von der Zauberin Kirke in Schweine verwandelten Mannen um Odysseus, zum Fraß vorgeworfen wurden.

Weitaus bedeutsamer war fraglos die Nutzung des Dirndlholzes als Grundlage für Jagd- und Kriegsgerät. Mitunter wurden ganze Heerscharen mit solchem Material ausgerüstet. Alexander der Große etwa errang seine Erfolge ganz wesentlich durch die so genannte Phalanx. Dies war eine Schlachtreihe, in der die Krieger mit rund sechs Meter langen Lanzen, den „Sarissen", ausgerüstet waren. Wie eine Walze zog sie über fremde Truppen hinweg, alles zerstörend und eine Spur aus Blut hinterlassend. Die Römer setzten auf kleinere Einheiten, rüsteten diese aber ebenfalls oft mit Dirndl-Waffen aus: Es gab Wurfspeere, so genannte „pila", und die handlicheren Lanzen. Um diese Waffen herstellen zu können, müssen Dirndlstauden wohl gezielt auf einen langen Stamm hin gezogen worden sein. Ob man sie auch der Früchte wegen kultivierte, lässt sich nicht sagen. Auf jeden Fall fanden Dirndln nicht nur mythisch verklärt bei zahlreichen Dichtern, sondern auch bei namhaften naturwissenschaftlichen Autoren wie etwa Plinius, Columella oder Dioskurides Erwähnung. Und sie alle bestätigen, dass die Dirndlfrüchte bei den Römern vielfach verwendet und sehr geschätzt wurden, gebrannt als Alkohol, eingelegt als Olivenersatz und auch als Heilmittel gegen Fieber und Katarrhe. Bei der Lektüre antiker Schriften ist freilich Vorsicht geboten. Da wird *cornus mas* nämlich bisweilen mit der Vogelkirsche, *prunus avium,* verwechselt. Bei den Menschen aber blieb das Wissen um die Dirndl trotz der vielen Völkerwanderungen am Übergang von der Antike zum Mittelalter erhalten. Ja, mehr noch, sie wurde sogar gezielt angebaut, zum Beispiel in den Klostergärten der Benediktiner.

Als Heilmittel in Klöstergärten

Im 12. Jahrhundert war es die später heilig gesprochene Hildegard von Bingen, die sich etwas eingehender mit der von ihr „Erlizbaum" genannten Pflanze befasste. „Die Kornelkirsche", schrieb sie in ihrer in den Jahren 1150 bis 1158 entstandenen „Physica" (3. Buch, Kapitel 40), *„ist warm, und ihre*

Wärme ist mild, und sie hat süße Feuchtigkeit in sich. Nimm daher von ihrer Rinde, dem Holz und den Blättern und koche sie in Wasser, und mache daraus ein Bad. Und wer an Gicht leidet, sei es ein Kind, ein junger Mensch oder ein alter, der bade darin oft und umgebe sich in diesen Bädern (mit diesen Blättern). Und das tue er im Sommer, wenn der Baum grün ist, und dem Kind und dem jungen Menschen wird es bestens zur Gesundheit verhelfen. Dem alten Menschen aber wird es ziemlich nützen, jedoch nicht in dem Maße wie dem Kind und dem jungen. Und so werden sie sich besser befinden. Und die Frucht dieses Baumes schadet dem Menschen nicht, wenn man sie isst, aber sie reinigt und stärkt den kranken und auch den gesunden Magen, sie nützt dem Menschen für die Gesundheit." (übersetzt von Marie-Louise Portmann in der Basler Ausgabe von 1991).

Von der Hildegard'schen Darstellung ausgehend werden bis heute immer wieder die unterschiedlichsten Rezepte „gebraut" und als „Hildegard-Medizin" feilgeboten. Allerdings haben auch andere Autoren brauchbare Verwendungsmöglichkeiten beschrieben. Tabernaemontanus zum Beispiel, ein Arzt und Botaniker des 16. Jahrhunderts, vermerkte: *„Auch aus dem Fleisch wird mit Zucker eine wohlschmeckende Soße gegen Übelkeit gemacht; dazu dienlich ist auch der Saft aus der Frucht."*

Und natürlich fand die Dirndl auch bei dem ebenfalls im 16. Jahrhundert lebenden Paracelsus, eigentlich Theophrastus Bombastus Paracelsus von Hohenheim, Erwähnung. In seiner Signaturenlehre sah er den roten Saft vor allem als Mittel gegen die Rote Ruhr, was der Dirndl den Beinamen Ruhrkirsche verschafft hat. Auch bei Halsentzündungen und Problemen mit den Lymphknoten sollten Dirndln heilend wirken. Über Paracelsus hat die Pflanze Eingang in die Heilpflanzenmagie gefunden, von deren Vertretern sie als *„heilend und unterstützend für den Magen- und Darmtrakt"* betrachtet wird. Über die Heiltradition und die Heilwirkung wird an anderer Stelle noch genauer die Rede sein. Fazit fürs Erste: Zu Beginn der so genannten Neuzeit war die Dirndl eine ob ihrer vielfältigen Verwendbarkeit weithin geschätzte Pflanze.

Der Beginn der Züchtungen – von Nanas und Kasanlaken

Wie lange die Menschen nun schon versuchen, die Dirndlpflanze durch spezielle Behandlungen und Züchtungen ihren Bedürfnissen anzupassen, ist unklar. Auch wenn die wilde Pflanze an sich perfekt sein mag, Gründe für spezielle Züchtungen gab es viele. Die militärischen waren vermutlich die ersten: ein langes, gerades Holz für Speere und Lanzen, ein elastisches für Bögen. Dazu kam der Genuss: feine, geschmackvolle Früchte für göttliche Speisen und – natürlich auch – ein gutes Tröpferl. In der neueren Zeit bekam neben dem Geschmack auch der Ertrag wachsende Bedeutung. Mehr und bessere Früchte waren das Ziel der Züchtungen. Im 18. Jahrhundert wurden bereits zwanzig verschiedene Formen beschrieben. Aber so köstlich die erzielten Zuchtergebnisse auch waren, die großflächige Nutzung rentierte sich nicht. In der Sowjetunion hingegen blieb die Dirndl, allerdings ohne dass hier großartige Neuzüchtungen nötig gewesen wären, ein

Ein Größenvergleich: wilde Dirndl und Schumener

Dirndln der Sorte Schumener

Produkt, das seinen Markt fand. Von der Krim und der Kaukasusregion aus wurden tonnenweise Früchte in alle Landesteile verschickt. Nach dem Zweiten Weltkrieg sollen im gesamten Gebiet der ehemaligen UdSSR jedes Jahr 30.000 bis 40.000 Tonnen an wilden Kornelkirschen geerntet worden sein. Doch auch Zuchtformen waren bekannt und wurden kultiviert. In Armenien etwa gab es 1956 schon 26 gezählte Zuchtformen der Dirndl. Wer sich einen Überblick über die verschiedenen Sorten machen möchte, dem sei ein Besuch im „Chryscho Botanischen Garten" der ukrainischen Hauptstadt Kiew empfohlen. Dort finden sich neben wilden Ur-Dirndln gezüchtete Sorten aus insgesamt sechs Ländern der ehemaligen Sowjetunion.

Im Westen hat man mit großflächigen, systematischen Züchtungen erst während der 1970er Jahre begonnen. Seit damals entstanden zahlreiche Anlagen, wie zum Beispiel in der Bundeslehranstalt für Wein- und Obstbau bei Klosterneuburg in Österreich. Dort wurden in den letzten Jahren mehrere Dirndlsorten angebaut und verschiedene Testreihen durchgeführt. Der Vergleich der Früchte soll wegweisend für künftige Züchtungen sein. Ähnliche

Vorbereitungen zur Dirndlernte

Untersuchungen werden zurzeit an der Fachhochschule Weihenstephan in Bayern und an der Humboldt-Universität Berlin durchgeführt.

Diese Forschungen sind nur kleine Belege für das wachsende Interesse an der Dirndl. Heute gibt es rund 350 wilde und künstliche Sorten. Geerntet und gezüchtet werden sie von Aserbaidschan über die Ukraine bis nach Moldawien, vom Balkan über die Alpen bis nach Deutschland, von Italien bis Skandinavien und von den Britischen Inseln bis nach Amerika. Die künstlich gezogenen Sorten sind in der Regel selbst steril, brauchen also die wilde Dirndl als Befruchtersorte. Trotz der Fülle des Angebots bleibt man im Pielachtal – wie übrigens auch in den Kernregionen der Dirndl, dem Kaukasus und der Krim – bei der wilden Sorte. Von den rund 8.200 hier im Jahr 2006 gezählten Pflanzen gehören lediglich etwas mehr als 200 zu den gezüchteten Sorten. Und recht viel mehr sollen es wohl nicht werden. Alle, die Zuchtdirndln probieren, kommen aus Geschmacksgründen wieder davon ab. Da gibt es zwar Sorten, die fast so groß sind wie Zwetschken bzw. Pflaumen, aber der typische Geschmack ist nicht mehr vorhanden.

Die wichtigsten Dirndlsorten

Sorte	Herkunft	Merkmale (abweichend von der Wildform)	Reifezeit
Alba	Europa	Früchte fast weiß, sehr groß	August
Aurea	England (vor 1895)	Blätter gelb, Früchte hellrot, sehr vitaminreich	September
Bo 2034	Slowakei	Früchte etwa 3 bis 4 Gramm	ab Ende August
Bo 2035	Slowakei	Früchte etwa 4 Gramm	ab Mitte September
Bulgarico	Bulgarien	Früchte groß, hohes Fruchtgewicht	ab Ende August
Cormas	Dänemark	Früchte groß	September
Devin	Slowakei	Früchte etwa 4,5 Gramm, hohe und ausgeglichene Erträge	ab Mitte September
Elegant	Ukraine	Früchte sehr groß	September
Elegantissima	Deutschland (1772)	Blätter gelb oder rosa gerandet	September
Flava	Europa (vor 1770)	Früchte leuchtend gelb, groß, süß und vitaminreich, Belaubung purpurrot	September
Golden Glory	USA	Blätter dunkelgrün, Früchte rot und groß, braucht wärmeres Klima	August
Hillier's Upright	England	Wuchs aufrecht, Früchte sehr groß	September
Jolico	Österreich	Früchte etwa 6,5 Gramm, Kernanteil weniger als 10%, hoher Zucker- und Vitamin-C-Gehalt	ab Ende September
Kasanlak	Bulgarien	starkwüchsig, Früchte groß, ertragreich	September
Kaukasische	Kaukasus	Früchte mittelgroß	September
Lanceolata	Frankreich (vor 1862)	Früchte weißlich	September
Macrocarpa	Europa (vor 1877)	Früchte groß und birnenförmig	September

Sorte	Herkunft	Merkmale (abweichend von der Wildform)	Reifezeit
Mascula	Österreich	sehr früh und stark blühend, geeignet als Befruchtungshilfe	ab Ende August
Nana	Osteuropa	Wuchs zwergig und rundlich, Früchte rot und klein	September
Pioneer	Nordeuropa	Früchte sehr groß und birnenförmig	September
Pyramidalis	Rumänien	Wuchs aufrecht, Früchte rot und kugelig	ab Ende August
Red Star	USA	Früchte groß und kirschrot, sehr ertragreich	ab Ende August
Redstone	USA	Früchte olivenförmig, etwa 1,5 cm lang und kirschrot, sehr ertragreich	ab Ende Juli
Schönbrunner Gourmetdirndl	Österreich	Früchte klein, aber geschmackvoll, beliebt als „Naschfrucht"	September
Schumener	Bulgarien	Früchte groß, langoval, hohe sensorische Qualität	September
Spring Glow	USA	Früchte groß, sehr ertragreich	September
Spring Sun (Spring Grove)	USA	Zierstrauch, Blätter dunkelgrün, Belaubung purpurrot	ab Ende August
Sphaerocarpa	Rumänien	Früchte tiefrot und kugelig	September
Sunshine	USA	Früchte orangerot, sehr vitaminreich	September
Titus	Slowakei	Früchte etwa 2,7 Gramm, sehr hohe Erträge	ab Mitte September
Tricolor	unbekannt	Blätter dunkelgrün, Belaubung rosa-gelb, Früchte olivenförmig, Durchmesser etwa 1,5 cm	September
Ukraine	Ukraine	Früchte hellrot, äußerst widerstandsfähig	September
Variegata	Österreich (um 1600)	Blätter regelmäßig breit weißrandig, Belaubung weiß-bunt, Früchte groß und hellrot	September
Violacea	Mitteleuropa (vor 1843)	beliebter Zierstrauch, Früchte violett-rot	September

EINE PFLANZE FÜR DIE EWIGKEIT – MYTHOLOGISCHES

Die Dirndl ist unglaublich robust und durch Unbilden der Witterung kaum aus dem Gleichgewicht zu bringen. In der kaukasischen Überlieferung ist sie gleichsam ein Inbegriff für Dauer und Beständigkeit. In diesem Sinne bescheinigt man der Pflanze in der orientalischen und balkanischen Welt bis heute eine Durchhaltekraft, die versinnbildlicht auch auf Menschen übertragen werden kann. So zum Beispiel gelten Dirndlzweige in Bulgarien als symbolische Heils- und Glücksbringer. Am 25. Dezember ziehen dort Soledari – „Weihnachtsjungen" – von Haus zu Haus. Dabei führen sie *Surwatschki,* das sind Dirndlzweige, mit sich, die mit bunten Fäden, selbstgebackenen Brezeln und buntem Papierschmuck verziert sind. Erwachsene werden mit diesen Zweigen symbolisch geschlagen, um ihnen Gesundheit, Erfolg und Glück zu wünschen. Als Gegenleistung gibt es Süßigkeiten oder Münzen für die Kinder. Auch in der Silvesternacht, am Neujahrstag und am 6. Januar, dem Dreikönigstag, sind Kinder und junge Männer unterwegs, um mit Dirndlruten dämonische Kräfte auszutreiben. Ähnliche Bräuche gibt es in der Türkei, wo die Dirndlzweige auch in Liebesdingen Glück, Festigkeit und Dauerhaftigkeit bringen sollen.

Dirndlhecke im Alpenvorland

Götternahrung und irdischer Kraftspender

In vielen Ländern gilt die Dirndl als Frucht, die Lebenskraft zu verleihen vermag. Dass die Früchte schon in frühester Zeit gern gegessen wurden und zudem als besonders nahrhaft galten, zeigt sich nicht zuletzt in den mythologischen Überlieferungen unterschiedlichster Kulturen.

Im einstigen Goldenen Zeitalter, vergleichbar dem biblischen Garten Eden, soll die Dirndl eines der grundlegenden Nahrungsmittel der Menschen gewesen sein.

Diese Überlieferung kannte auch der römische Dichter Ovid. In seinen um das Jahr zwei nach der Zeitenwende verfassten „Metamorphosen" ernährt sich die friedlichere Hälfte der Menschheit dieses Goldenen Zeitalters unter anderem von *corna,* sprich Kornellen oder Dirndln: *„Conditaque in liquida corna autumnalia faece."* (Buch VIII, Zeile 665) Man verspeist also, übersetzt, „in Flüssigkeit eingelegte Herbstkornellen". Hier finden wir vielleicht den ältesten Beleg für „eingemachte Dirndln" als Olivenersatz.

Dasselbe Essen erhielten auch die griechischen Götter Zeus und Hermes, als sie unerkannt bei dem Ehepaar Philemon und Baucis einkehrten. Zeus hat ja ganz gern hin und wieder die Menschen auf die Probe gestellt, und so tat er dies auch mit den beiden alten Leuten. Als diese die hochnoblen Gäste schließlich erkannten, entschuldigten sie sich für das karge Mahl, das sie ihnen bereitet hatten. Die Götter aber fanden das Essen so genussvoll, dass sie die Hütte des Paares in einen goldenen Tempel verwandelten und die freundlichen armen Gastgeber zu ihren Priestern weihten.

Odysseus auf der Pirsch

Eingang in die Mythologie fand allerdings nicht nur die Frucht, sondern auch das Holz der Pflanze. Auf unserer Reise durch die Sagenwelt der Antike stoßen wir immer wieder auf Lanzen, Bögen und anderes Jagd- und Kriegsgerät aus Dirndlholz. In der überaus wortgetreuen Übersetzung der Ovid'schen „Metamorphosen" durch Johann Heinrich Voß aus dem Jahr 1798 steht die Kornelle sogar als eine Art Synonym für „Lanze". So etwa wird in Buch XII, Zeile 449 bis 451, um nur eins von vielen Beispielen zu nennen, dem Traber Oiklus von Ampyx eine „ungestählte Kornelle", gemeint ist eine Lanze aus Dirndlholz ohne stählerne Spitze, „grad ins Gesicht gebohret".

Ähnliche Blutbäder verursachten Dirndl-Lanzen auch in anderen Sagen des klassischen Altertums. So etwa ließ der Herrscher Thrakiens während des Trojanischen Krieges den zu ihm gesandten jüngsten Sohn des Königs von Troja, Polydoros, heimtückisch ermorden. Seine Krieger streckten den wehrlosen Jüngling mit ihren Speeren, die, wie damals üblich, aus Dirndlholz gefertigt waren, nieder. Doch die Schäfte der Mordwaffen schlugen Wurzeln, und vom Blut des unbestatteten Jünglings genährt, ergrünte das Holz und wurde zu einem mächtigen Dirndlstrauch. Der römische Dichter Vergil, eigentlich Publius Vergilius Maro, hat diese Geschichte in seiner zwei Jahrzehnte vor Ovids „Metamorphosen" verfassten „Aeneis" aufgegriffen. Er berichtet in diesem Epos davon, dass Aeneas mit einigen wenigen Gefährten auf der Flucht aus dem umkämpften Troja an die Küste Thrakiens kam. Und zwar genau an jene Stelle, wo der Meuchelmord an Polydoros verübt worden war. Als sie den

Göttern ein Opfer darbringen wollten und sich als Brennholz dafür einige Äste des gewaltigen Dirndlstrauchs abbrachen, quoll Blut heraus. Damit nicht genug, hörten die verängstigten Flüchtlinge auch noch eine Stimme, die sich als Geist des Polydoros zu erkennen gab. Endlich begriffen sie, was hier geschehen war und errichteten dem Ermordeten ein ordentliches Grab.

Aufgrund der Zähigkeit, Festigkeit und Dauerhaftigkeit galt das Dirndlholz zur Zeit der Antike ganz offensichtlich als hervorragend geeignet für die Fertigung von Speeren und Lanzen. Viele Dichter des Altertums verwendeten diese Eigenschaften geradezu sprichwörtlich. Das lateinische Wort *corneus,* eigentlich „aus Dirndlholz", bedeutete auch „zäh" und „fest". Kampfgeräte aus dem Holz der Dirndl wussten nicht erst die Römer, sondern schon Odysseus besonders zu schätzen. Dieser sagenhafte Herrscher von Ithaka war einer der griechischen Kämpfer im Trojanischen Krieg. Der vermutlich im späten 8. Jahrhundert vor Christus lebende, blinde griechische Dichter Homer schildert ihn in seinen zur Weltliteratur gehörenden Werken „Ilias" und „Odyssee" als einen listigen Helden. Homer zufolge war Odysseus tatkräftig und „hart" im Kampf. Eben dabei war das Dirndlholz für ihn von besonderem Wert. Bei seinen Einsätzen verwendete er Lanzen, die aus diesem Material gemacht waren. Aber nicht nur das, auch sein berühmter Bogen, den nur er spannen konnte, war, wie sich aus den Schilderungen Homers erschließen lässt, aus einem Dirndlast gefertigt. Die dafür erforderliche Elastizität ist eine weitere Eigenheit des Dirndlholzes.

Die griechischen Kämpfer im Trojanischen Krieg sollen sich die „steinharte" Pflanze aber noch zu anderen Zwecken zu Nutze gemacht haben. Dies zumindest behauptete Pausanias, ein griechischer Schriftsteller des zweiten nachchristlichen Jahrhunderts in seinen „Reisen in Griechenland" *(Periégésis tes Helládos).* Er setzte sich eingehender mit den mythischen Überlieferungen und geografischen Gegebenheiten des ägäischen Raums auseinander. Und er kam zu der Erkenntnis, dass das Trojanische Pferd, mittels dessen Odysseus und seine Gefährten Troja eroberten, aus dem Holz der Dirndl gezimmert worden war. Eine durchaus einleuchtende Theorie, die auch von einigen modernen Forschern gestützt wird.

Dem Mars geweiht

Kehren wir noch einmal zu Aeneas und seinen Gefährten zurück. Auf der Flucht aus dem zerstörten Troja verschlug es sie kreuz und quer über das Meer bis in jenes Gebiet, das heute Latium heißt. Hier im Zentrum Italiens, am Ufer des Tiber, nicht weit von dessen Mündung ins Meer entfernt, sollen ein paar Jahrhunderte nach Aeneas' Landung die Zwillinge Romulus und Remus ausgesetzt worden sein. Diese beiden Söhne der Königstochter Rhea Silvia und des Kriegs- und Fruchtbarkeitsgottes Mars gründeten an eben jener Stelle eine Stadt, die später zur mächtigsten der mediterranen Welt aufsteigen sollte: Rom.

Der Überlieferung nach war es im Jahr 753 vor Christus, als Romulus zur Absicherung des Siedlungsareals am Hügel Palatin, der Grenze der Stadt, seine Lanze in die Erde stieß. Diese Lanze war, unschwer zu erraten, aus Dirndlholz. Und zum Zeichen der geglückten Gründung schlug das Holz dann auch noch aus und entwickelte sich zu einem prächtigen Baum. Dieser Gigant unter den Pflanzen soll

bis in die Zeit des Kaisers Caligula um 40 nach Christus gelebt haben. Ein wahrlich sagenhaftes Alter, das einer Überprüfung in der Realität nur schwer standhält. Tatsache ist, dass die Dirndl auch bei anderen Städtegründungen im antiken Italien eine Rolle spielte. Zahlreiche Ortschaften sollen auf ähnliche Weise wie Rom aus der Taufe gehoben worden sein. Römische Auguren stießen nach erfolgter Grundsteinlegung jeweils einen Stab aus Dirndlholz als Ausrichtungspunkt in die Erde. Und sie lieferten der neuen Siedlung damit auch eine Art spirituellen Schutz: So sollte die Stadt mit der Ausdauer und Härte der Dirndl blühen und gedeihen und nie verwüstet oder zerstört werden.

Dieser Brauch mag auch damit zusammenhängen, dass die Pflanze von den alten Römern als heilig verehrt wurde. Aufgrund ihrer Verwendung als Kampfmittel und nicht zuletzt wegen des aus ihr gewonnenen roten Farbstoffs war sie ein dem Mars geweihtes Gewächs. Das mittelalterliche Christen-

Hermannsfresko in Frankenfels

tum hat diese Vorstellung übernommen und die Dirndl auf den heiligen Georg, einen aus Kappadokien stammenden Märtyrer des 3. Jahrhunderts, übertragen. In frühen Darstellungen dieses Nothelfers und Patrons der Ritter und Kriegsleute trug er eine Lanze aus Dirndlholz. Mit ebendieser erstach er wohl auch den Drachen, das Symbol des Bösen. Die Drachenlegende Georgs berichtet, dass der christliche Heilige einst eine jungfräuliche Königstochter vor einer Bestie, dem Drachen, rettete, indem er diesen tötete. Die Königstochter war ein Opfer, das der Drache von den Menschen forderte. Nach dessen Tötung war das Land vom Übel befreit und die Menschen bereit, das Christentum durch die Taufe anzunehmen.

Lebenskräftig und kampferprobt, widerstandsfähig und dennoch biegsam – die Dirndl hat also viele Facetten, in die uns die hier vorgestellten mythologischen Überlieferungen einige kleine Einblicke gewährt haben.

KORNELLE UND DIRLITZE – NAMENSKUNDLICHES

Um es gleich vorwegzunehmen: Namensgeschichtlich hat die Dirndlpflanze nichts mit weiblichen Wesen zu tun. Im Gegenteil. Als Kulturpflanze wurde sie in unserer patriarchalen Welt zumeist mit männlichen Bezeichnungen versehen. Einzig im Deutschen hat sie als *Kornelkirsche,* im süddeutsch-österreichischen Raum als *Dirlitze* oder *Dirndl* wenigstens einen weiblichen Artikel erhalten, obwohl vereinzelt auch männlich, *der Dirndl* als Baum, oder sächlich, *das Dirndl* als Frucht, gebräuchlich sind. Aber werfen wir abseits solcher mundartlicher Feinheiten einen kleinen Blick auf die Namensvielfalt der Pflanze.

Hart wie Fels

Die älteste Bezeichnung, die wir kennen, ist jene der Griechen: *krános.* Dieses Wort hängt vermutlich mit *kranaos* zusammen, was im Altgriechischen „felsig" oder „steinig" bedeutete. Was übrigens auf das alte keltische Wort für Felsen, *karn,* verweist, von dem sich wiederum der Name des Bundeslandes Kärnten ableitet. Aber wie auch immer, in *krános* steckt vielleicht ein kleiner Hinweis auf die Standortwahl der Pflanze, aber viel eher bezieht es sich wohl auf das Holz, das nicht nur so hart ist wie ein Stein, sondern auch wie ein solcher im Wasser untergeht. An dieser Stelle allerdings sei erwähnt, dass schon die alten Griechen ihre liebe Not mit Pflanzennamen hatten. Die Bezeichnungen vermischten sich damals schon genauso wie heute, und da wurde die Dirndl auch mal *kirnis,* nach dem Gott der Kirschbäume, oder gar *kérasus,* „Kirsche", genannt. Aber lassen wir uns nicht in die Irre leiten. Die Römer übernahmen von den Griechen nicht nur die verschiedenen Nutzungsmöglichkeiten, sondern auch den Namen der Pflanze. *Krános* wurde bei ihnen lautgewandelt zu *cornus* und erhielt damit zugleich einen neuen sprachlichen Bezugspunkt. Wissenschaftlich nennen wir einen solchen Vorgang volksetymologische Umdeutung. Dieser Bezugspunkt war das Wort *cornu.* Das bedeutet im Lateinischen „Horn", und das Holz der Dirndl ist ja tatsächlich so hart und zäh wie Horn.

Eingezäunte Dirndln

Die männliche Kornelle

Generationen von Sprachforschern haben den lateinischen Ausdruck *cornus* direkt von *cornu* hergeleitet. Im ersten deutschsprachigen Universallexikon etwa, jenem von Johann Heinrich Zedler aus dem Jahr 1733, wird behauptet, die Pflanze heiße deshalb *cornus,* „weil die Aeste dieses Baums dem Horne und dem Hirnschädel an Härte gleich kommen". (Zedlers Grosses vollständiges Universal Lexicon aller Wissenschaften und Künste, Leipzig 1733, Band 6, Spalte 1324). Und das wurde so nachhaltig weiterverbreitet, dass die griechische Herkunft des Ausdrucks fast vergessen wurde.

Das lateinische Wort jedenfalls setzte sich durch und verbreitete sich im Laufe der Jahrhunderte über halb Europa. Heute finden wir die Stammform *cornus* in sämtlichen romanischen Sprachen. Im Italienischen etwa heißt die Dirndl *corniolo,* im Französischen *cornier,* im Spanischen *corniolo,* im Portugiesischen *corneller* und im Rumänischen *corn* mit jeweils unzähligen mundartlichen Variationen. Und damit klar ist, dass es sich hier um ein Symbol der Männlichkeit handelt, wird in etlichen Sprachen die Ergänzung „männlich" hinzugefügt. Wobei als weibliche Entsprechung entweder der Schneeball, *viburnum lantana,* oder der Rote Hartriegel, *cornus sanguinea,* gelten. Beide Arten haben ein vergleichsweise weicheres und damit „weibliches" Holz im Gegensatz zum groben, harten und somit „männlichen" Dirndlholz. Der schwedische Botaniker Linné griff diese Idee auf und gab der Pflanze ihren heute noch gebräuchlichen wissenschaftlichen Name: *cornus mas,* „männliche Kornelle".

Übernommen wurde die lateinische Stammform während des frühen Mittelalters auch von germanischen Völkern, aus denen später die Deutschen, Niederländer und Engländer wurden. Aus Althochdeutsch *cornil* oder *cornul* entstand das englische *cornel* beziehungsweise *cornelian cherry*, das niederländische *kornoelje* und schließlich das deutsche Wort *Kornelkirsche.* Auch die Skandinavier, bei denen die Dirndl nur bei guter Pflege an warmen Standorten gedeihen kann, übernahmen diesen Ausdruck.

Von Korn zu Dirn

Vermutlich hieße die Pflanze heute in ganz Europa so, hätten nicht die Slawen der Namensverbreitung einen Riegel vorgeschoben. Die bei diesen Völkern verbreiteten Ausdrücke gehen zurück auf die Stammform *dren',* die vermutlich mit unserem *Dorn* urverwandt ist und wiederum „etwas Hartes, Festes", mitunter auch „Starres und Steifes" umschreibt. Schon im Althochdeutschen findet sich der Name *tirn* beziehungsweise *tirnboum.* Heute ist der Ausdruck in unterschiedlichen mundartlichen Lautmalereien im gesamten süddeutsch-österreichischen Raum verbreitet. Am häufigsten findet sich unser buchtitelgebendes Wort *Dirndl.* In Niederösterreich heißt die Pflanze *Diandl* oder *Deandl,* in Oberösterreich *Diandl* oder *Tirlitze,* in der Steiermark *Diendl,* in Kärnten und Salzburg *Diendlbeer,* in Schwaben *Dirlitze* oder *Dürrlitze,* in Franken *Dirlizen* und in der Schweiz *Tierli* oder *Tierlibaum.*

Damit die Sache nicht ganz so einfach ist – hier Korn, da Dirn – haben sich die mit der Pflanze in Berührung gekommenen Menschen eine lange Reihe weiterer Bezeichnungen einfallen lassen. Die hier alle aufzuzählen, würde nicht nur zu weit führen, sondern vermutlich auch grenzenlose Verwirrung stiften, da in einigen Gebieten die Namen von Gewächsen verwendet werden, die in anderen Regionen ganz andere Pflanzen bezeichnen. Um nur ein paar zu nennen: *Welsche Kirsche* ist von der Wortbedeutung her die „fremde Kirsche". *Fürwitzel,* ein bayrischer Ausdruck, rührt daher, dass der Strauch so „fürwitzig" früh zu blühen beginnt – dieser Schlingel! *Kratzebeere* heißt die Frucht im Göttinger Raum, weil sie so säuerlich schmeckt – jedenfalls dort. *Hahnenhoden* werden sie scherzhaft im Volksmund genannt, weil die Früchte meist in Paaren herunterhängen und kleiner sind als echte Kir-

Dirndl mit Dirndl und Dirndl

schen. Und *Zisserle* wird die Dirndl im Gebiet um Nürnberg genannt, vermutlich weil die Früchte so ähnlich schmecken wie die des Zieserleinbaumes, der ja auch aus dem Süden zugewandert ist.

Gelber Hartriegel

Bleibt noch die heute gängigste „wissenschaftliche" Bezeichnung: *Gelber Hartriegel.* Endlich ein ganz und gar deutscher Ausdruck, oder? *Hart* ist ja klar, aber der zweite Namensteil gibt Rätsel auf. Als mögliche Herkunftsform haben Sprachforscher das germanische Wort *trog* oder *truga* ermittelt, was ursprünglich „Baum, Holz" bedeutete. Also doch irgendwie deutsch. Bleibt noch die Frage, warum ausgerechnet gelb? Nun, den *Roten Hartriegel* gibt es ja schon. Wissenschaftlich heißt dieser enge Verwandte der Dirndl *cornus sanguinea.* Also blieb halt gelb, immerhin blüht die Pflanze ja in dieser Farbe. Die Türken übrigens haben sich von Anfang an anders entschieden. Ihre auch an verschiedene Nachbarn wie etwa die Russen weitergegebene Bezeichnung *kızılcık* leitet sich von *kızıl* her, was schlicht „rot" bedeutet.

Cornus mas in verschiedenen Sprachen (eine kleine Auswahl)

Sprache	Name
albanisch	thana, thanë e kuge
angelsächsisch	tha corntrêow
arabisch (Irak)	karas
armenisch	honi
aserbaidschanisch	zogal
baskisch	zuhandor, zuhandorra
bulgarisch	дрян (drjan), дрян обикновен (drjan obiknoven)
chinesisch	yu, zhu
dänisch	kirsebærkornel, kornel
deutsch	Kornelkirsche, Kornelle, Cornille, Herlitze, Erlitze, Dirlitze, Hornkirsche, Welsche Kirsche, Corneliuskirsche, Beinholz, Gelber Hornstrauch (Strauch), Ruhrkirsche, Krakebeere, Korlesbeere, Hahnenhoden (jeweils Frucht)
althochdeutsch	cornil, cornulbeeri, churnelbeere, churniboum, quirnilberi, quirnperi, tirn, tirnboum
fränkisch	ziserle, zisserle, dirlizen
hochdeutsch-fachsprachlich	Gelber Hartriegel
österreichisch-bayrisch	Dirndl, Dirndlbeere, Diendlbeer
plattdeutsch	Kratzebeere, Knüten
schwäbisch	Dirlitze, Dürrlitze
schweizerdeutsch	Tierlibaum, Tierli, Judechriesi
thüringisch	Hörlitze, Judenkirsche, Korlesbeer
englisch	cornelian cherry, cornel, european cornel, male dogwood, sorbet
estnisch	kirss-kontpuu
esperanto	karneca kornuso
finnisch	punamarjakanukka
franko-provenzalisch	cornièr
französisch	cornier, fuselier, cornouiller mâle (Strauch), cornouille, corneille (Frucht)
galizisch	cornexo macho
georgisch	švindi
griechisch (alt)	κράνος (krános), κράνεια (kráneia)
griechisch (neu)	κρανιά (kraniá)
iranisch (farsi)	zogal achteh
isländisch	vorhyrnir
italienisch	carniolo, corniolo, corgnolo, crognolo, crugnale, cornajo, corniello, cornio, corno,

Sprache	Name	Sprache	Name
	crógnolo, corniale, corgnale, sanguino maschio, corniolo maschio (Strauch), carniola (Frucht)		кизил настояшний (kisil nastojašnij), кизил мушской (kisil mušskoj), дерен мушской (deren mušskoj), дерен сьедобний (deren s'edobnij)
katalanisch	corneller mascle, cornell mascle, cornal mascle	sardisch	corniolu màschiu
korsisch	corniolu maschiu	schwedisch	körsbärskornell, kornell
kroatisch	drijen, drenj, drenovina		
kumykisch	kijsil	serbisch	дрењина (drenjina), дрењине (drenjine)
kurdisch	gilgic, belalûk (eigentlich Sauerkirsche)	sizilianisch	corniolu
ladinisch	karnéla	slowakisch	drieň obyčajný
lateinisch	cornus (Strauch), corniolum, cornum (Frucht)	slowenisch	dren, rumeni dren
lettisch	kizils	sorbisch (niedersorbisch)	drěn
litauisch	geltonoji sedula	spanisch	cornejo macho, cornejo común, cornejo de cornelia, cornizola (Frucht)
mazedonisch	дрен (dren)		
niederländisch	gele kornoelje		
norwegisch	vårkornell	tschechisch	dřín obecný
okzitanisch	cornièr, cornilha, cornha, cornà (Frucht)	tschetschenisch	tai, tei
		türkisch	kızılcık
polnisch	dereń właściwy	ukrainisch	дерен справжній (deren spravčnij)
portugiesisch	corneller		
rumänisch	corn	ungarisch	húsos som
russisch	кизил (kisil), кизил обыкновенный (kisil obyknovjennij),	volapük	yelovakornul
		weißrussisch	дерен (deren)

Exkurs: Dirndl, Kleid und Früchtchen

Verlassen wir kurz die Welt von *cornus mas*. *Dirndl* – und das wollen wir an dieser Stelle ausdrücklich festhalten – ist nicht nur die Bezeichnung für eine Pflanze und deren Frucht. Wer zwischen dem tiefsten Bayern und dem fernsten Burgenland mit diesem Ausdruck konfrontiert wird, denkt wohl erstmal an etwas ganz anderes, nämlich an eine jugendliche oder jung gebliebene Frau. Denn genau das wird hier zuallererst unter *Dirndl* verstanden.

Um von der Frucht zum weiblichen Wesen zu gelangen, muss man allerdings zunächst das Geschlecht, das heißt – grammatikalisch – den Artikel ändern. Aber nicht, wie es rein äußerlich eigentlich vorgegeben wäre, von männlich zu weiblich, sondern – eine Kuriosität der deutschen Sprache – von weiblich zu sächlich. *Das Dirndl* ist im gemeinen Sprachgebrauch der Ostalpenländler erstens ein junges, üblicherweise auch fesches, weibliches Wesen und zweitens das traditionelle Kleidungsstück, das selbiges bei festlichen Anlässen trägt. Beides ist zwar rein sprachlich gesehen neutral, kann aber eine durchaus erotische Wirkung auf das männliche Geschlecht entwickeln. Diese Erfahrung machten auch die niederösterreichischen Pielachtaler, als sie ihre Region mit dem Beinamen *Dirndltal* versahen. Nicht nur bei Außenstehenden war die Verwirrung ziemlich groß. Sind die nun völlig verrückt geworden? Oder wollen sie bloß das heute schon etwas aus der Mode gekommene Kleidungsstück zu neuen Ehren kommen lassen? Immerhin regte die Bezeichnung *Dirndltal* zum Nachdenken und Diskutieren an.

Gehen wir also der Sache etwas genauer auf den Grund. Im Althochdeutschen – so wurde bei uns vom 8. bis zum 11. Jahrhundert gesprochen – bezeichnete der Ausdruck *thiorna* die „Tochter eines Knechts". *Thio* nämlich bedeutet „Knecht" – und das verhieß vom Ansatz her schon mal nichts Gutes. Unterste Schicht, ständig am Arbeiten und kaum eine Möglichkeit zur eigenen Entfaltung. War der Ausdruck zunächst bloß die allgemeine Umschreibung für ein Mädchen aus niederem Stand, so wurde er im Lauf der Zeit zur allgemeinen Bezeichnung für eine „Magd", die natürlich jederzeit der Herrschaft zur Verfügung zu stehen hatte. Im ausgehenden Mittelhochdeutschen des 15. Jahrhunderts war die *dierne* folgerichtig zur „Hure" verkommen. Soweit, so klar und so eindeutig die gängige Lehrmeinung.

Dirndl-Fans können das freilich nicht so einfach auf sich sitzen lassen. Immerhin hatte *Dirn* mit der Verkleinerungsform *Dirndl* ja ursprünglich auch die in alpenländischen Mundarten bis heute erhaltene Bedeutung „Jungfrau, junges Mädchen". Und da muss es demgemäß noch eine andere mögliche Wortherkunft geben. Und wer suchet, der findet auch. Ganz tief im urgermanischen Wortschatz gibt es – ganz selten, aber doch – Nominalstammableitungen zur Wurzel *-ern*. Diese, verknüpft mit einem Wortstamm, der die adjektivische Bedeutung „jung, frisch" hatte – heute etwa im Litauischen *teketi*, übersetzt „Braut", zu finden –, ergab dann *Dirn*. Mit der Verkleinerungsendung *-lein*, dialektal verkürzt mit *-l* versehen, wird daraus unser Wort *Dirndl*.

Dass unter ebendiesem heute auch ein ganz spezielles „Traditionskleid" verstanden wird, ist etwas einfacher zu erklären. Im 19. Jahrhundert trugen die weiblichen Bediensteten nobler Herren, im Süddeutschen *dirn* genannt, eine Arbeitskleidung, die allgemein als *Dirndlgewand* bezeichnet wurde. Es bestand aus einem Oberteil samt Bluse, einem wei-

Dirndln im Umzug durch Kirchberg an der Pielach

ten Rock und einer bunten Schürze. Um 1870/80 wurde diese Tracht, nachdem Kaiser Franz Joseph die Lederhose bei Männern in Mode gebracht hatte, von adeligen und großbürgerlichen Frauen entdeckt. Das Tragen des Dirndls galt bald als Zeichen nationalen Stolzes. Ja mehr noch, jede Region entwickelte ihre eigene Form des Dirndls.

Natürlich hat auch das *Dirndltal* sein *Dirndl.* Der grüne Rock und das rote Oberteil dieser in jüngster Zeit wiederbelebten Tracht spiegeln die Farben des Dirndlstrauchs wider, und die gold-rot-grün gestreiften Seidenschürzen versinnbildlichen gleichsam Blüte und Frucht. Wie letztere sticht auch das rote Schnürmieder aus Seide hervor. Der Rock, um die Sache zu vervollständigen, ist aus grünem Wollstoff, genauso wie der breite Einsatz am Rücken. Alles in allem eine schmucke und zugleich symbolhafte Tracht. Aber, um zu unserem eigentlichen Thema zurückzukehren – mit der *Dirndl,* dem Strauch samt Frucht, hat *das Dirndl,* sprich Kleid wie auch junge Frau, natürlich nichts zu tun. Dirndl ist nicht gleich Dirndl, auch wenn es fürs Erste so klingen mag.

DIRNDL – BESONDERHEITEN DER PFLANZE

Die Dirndl besitzt einige Eigenheiten, die sie ganz wesentlich von anderen Pflanzen unterscheidet. Ein paar davon haben wir eingangs ja schon kennen gelernt. Gehen wir nun der Sache etwas genauer auf den Grund und beginnen wir dort, wo jede Pflanze ihren Ursprung hat, bei der Wurzel.

Cornus mas, die Dirndl, ist ein so genannter Herzwurzler. Das heißt, die Wurzeln ergeben vertikal, sprich nach unten hin, ein herzförmiges Erscheinungsbild. Die Pflanze entwickelt bereits früh ein intensives, kräftiges Wurzelsystem, das sich nach allen Seiten hin ausbreitet. Ein Teil der Wurzeln erschließt tieferliegende Bodenschichten, kann also zum Beispiel durch Felsspalten in größere Tiefen vordringen. Die starke Nebenwurzelbildung ist ein gutes Befestigungsmittel für erosionsgefährdete Böden. In Anbetracht der dichten Wurzelverzweigungen sind Verpflanzungen mehrjähriger Dirndlsträucher mit einigem Aufwand verbunden. So anspruchslos und widerstandsfähig die Pflanze auch wirkt, es gibt auch Bedingungen, die sie nicht mag. Überschwemmungen, lang anhaltende Trockenheiten, starke Bodenverdichtung oder Salz können die Sträucher in ihrer Entwicklung hemmen.

Dirndl im Winter

Dirndlstamm

Baum oder Strauch

Was die Dirndl nun in ihrem oberflächlichen Erscheinungsbild darstellt, darüber sind sich die Menschen seit jeher uneinig. Für die Einen ist sie ein Strauch, für die Anderen ein Baum, für wieder Andere bloßes Gestrüpp. Ihrem Aussehen nach wirkt sie wie ein Steppengewächs, das sich irgendwie in unsere Gegend verirrt hat. Die Form – gleichermaßen breit wie hoch – ist ja eher typisch für Halbsteppenklimate.

Ob die Dirndl zum Strauch oder zum Baum wird, hängt auch vom Baumschnitt ab. Um Speere oder Lanzen aus dem Holz herstellen zu können, sollte die Dirndl aufrecht wachsen. Derart geschnitten erreicht sie Höhen von etwa acht Metern und kann sich mit jedem Baum messen. Wer aber ihre Früchte genießen will, sollte sie eher in die Breite schneiden. Dann erreicht die Pflanze einen Durchmesser von sechs bis acht Metern. Die gängigste Methode im Umgang mit Dirndln war aber seit jeher, sie nicht zu schneiden, sondern einfach wachsen zu lassen. Die übliche Wuchshöhe beträgt im Alter von 25 Jahren drei bis vier Meter. Mit fünfzig Jahren erreicht sie dann ihre größte Ausdehnung, in der Höhe wie in der Breite. Danach wächst sie nach außen hin nicht mehr. Unter einigermaßen „normalen" Bedingungen kann die Pflanze bis zu 150 Jahre alt werden. Dirndlstrauchbesitzer freilich gehen von einer weit höheren Lebenserwartung aus. So gibt es nicht nur im niederösterreichischen Pielachtal einige prächtige Exemplare, deren Alter nur schwer zu schätzen ist, da es üblicherweise in Generationen angegeben wird: „Dieser Dirndlstrauch ist zu Großvaters, ja sogar zu Urgroßvaters Zeiten schon da gestanden, und der hat den Strauch auch schon ausgewachsen kennen gelernt." In Türnitz im niederösterreichischen Traisental steht ein Dirndlstrauch, der das biblische Alter von knapp tausend Jahren erreicht haben soll.

Auch in anderen Gebieten Mitteleuropas gibt es einige prächtige Exemplare. Einem Bericht des deutschen Bundessortenamts aus dem Jahr 1999 zufolge, steht in Eisleben-Helfta ein etwa 250 Jahre alter Kornelkirschenbaum. Dieser besitzt eine Höhe von

9 Metern und einen Stammumfang von 1,80 Metern. Die Internet-Enzyklopädie Wikipedia berichtet von weiteren eindrucksvollen und entsprechend alten Gewächsen in Bonn-Bad Godesberg am Eingangstor zur so genannten Redoute, unweit davon im Godesberger Stadtpark, im Garten des ehemaligen Klosters Loccum in Niedersachsen, am Abhang des Heidelberger Schlosses, in Bad Wimpfen im Bereich der ehemaligen Kaiserpfalz, im Alten Botanischen Garten von Zürich und vor dem 1895 erbauten ehemaligen Kaiserbad in Karlovy Vary, dem ehemaligen Karlsbad in Tschechien.

Und natürlich gibt es in anderen ursprünglicheren Verbreitungsgebieten hoch betagte, noch viel ansehnlichere Exemplare. Im Kaukasus, auf der Halbinsel Krim und in der Türkei etwa, aber auch auf dem Balkan und in Italien. Die knapp 800 Jahre, die jene Dirndl angeblich erreichte, die der Lanze des Romulus auf dem römischen Palatin entwachsen war, werden üblicherweise als mythische Übertreibung betrachtet. Es lässt sich ohnehin nicht mehr nachprüfen.

Starker Stamm aus hartem Holz

Um sich in der Höhe wie in der Breite richtig entfalten zu können, ist ein starker Stamm vonnöten. In der Regel wird er bei Dirndlgewächsen im Durchschnitt 15 bis 20 Zentimeter dick, kann aber auch wesentlich größere Dimensionen erreichen. Denn während das äußerliche Wachstum der Baumkrone mit fünfzig Jahren ihr Maximum erreicht, verbreitert sich der Stamm noch weiter, recht langsam zwar, aber doch. Und er kann dabei, je nach Standort, einen beachtlichen Umfang von bis zu 2 Metern erreichen. Das feste, feinfaserige Holz der Dirndl ist eines der härtesten, das es auf der Erde gibt. In Europa findet sich kein härteres Holz. Es ist so hart und schwer, dass es im Wasser nicht schwimmt, sondern untergeht. Zugleich ist das Holz aber auch besonders zäh. Es ist demgemäß schwer spaltbar, formbeständig und hält auch stärkere Reibungskräfte aus. Aus diesem Grund eignet es sich nicht nur für Lanzen, Speere, Pfeile und Bögen, sondern auch für Pressen, Zapfenlager und Weberschiffchen und andere Handwerksgeräte, die heftige Stöße und ständiges Reiben aushalten müssen.

Die Härte und Dichte des Holzes kann sich vor allem deshalb entwickeln, weil die Pflanze nur sehr langsam wächst – fünf bis maximal zehn Zentimeter pro Jahr in der Jugend. Und mit dem Alter wird das Wachstum noch geringer. Entscheidend für die Härte ist aber noch etwas anderes, nämlich der hohe Steinzellenanteil. Der bedingt zudem, dass das Dirndlholz nur sehr schwer verrottet. Es ist also nicht für Kompostierungen geeignet und verfault innen praktisch nie, bekommt beim Trocknen aber leicht Risse. Der Splint ist weiß-gelblich bis rötlich, der scharf abgegrenzte Kern auffällig dunkel-rotbraun. Markstrahlen und Gefäße sind nur an feinen Schnitten, und auch da nur mit der Lupe zu erkennen.

Was die Rinde betrifft, so ist sie anfangs, in der Jugendzeit der Pflanze, gelbgrau. Später bildet sie eine in dünnen, verbogenen Schuppen abstehende Borke von gelblich bis bräunlich-grauer Farbe. Sie blättert leicht ab und löst sich vor allem bei älteren Exemplaren in unregelmäßig geformten Platten vom Stamm. Der hohe Gerbstoffgehalt macht die Rinde bestens geeignet für Färbezwecke.

Die Blätter – eine weitere Besonderheit

Auf den ersten Blick erinnern die Blätter der Dirndl ein wenig an die des Breitwegerichs. Sie sind unsymmetrisch – wieder so etwas Aus-der-Art-Schlagendes – und haben vier bis fünf längs verlaufende Seitennerven beziehungsweise Adern. Der eng verwandte Rote Hartriegel hat bloß drei bis vier; neben den Blütenknospen und dem etwas weicheren Holz ist dies das einzige deutliche Unterscheidungsmerkmal zwischen den beiden Arten. Die Blätter der Dirndl sind vier bis zehn Zentimeter lang, drei bis sieben Zentimeter breit und mit einem fünf bis zehn Millimeter langen Stiel versehen. Der Form nach sind sie elliptisch bis eiförmig mit einer ausgezogenen Spitze. Die Blattunterseite ist ein wenig heller und glänzender. In den Winkeln der Blattadern finden sich kleine weißliche Härchen, so genannte „Achselbärte". Die Dirndlblätter sind vergleichsweise reißfest und sitzen den Sommer über fest am Ast. Im Herbst verfärben sie sich – außer bei einigen gezüchteten Sorten – gelb-bräunlich. Das Farbenspiel dauert aber nicht sehr lange. Die Blätter fallen meist schon Anfang Oktober, spätestens aber Anfang November ab.

Dirndlblatt

Blüten und Früchte

Im Frühling sind Dirndln leicht erkennbar – ihre Blüten erscheinen bereits sehr früh, bei günstiger Witterung bereits im Februar, ansonsten je nach Sorte bis spätestens Ende April. Wenn die Dirndln erblühen, strahlen sie in hell- bis goldgelber Farbe. Ein prächtiger Eindruck, der dazu geführt hat, dass man sie gern als Ziergehölze in Parks und Gärten setzt. Die kugeligen Blütenknospen werden, ebenso wie die länglichen Blattknospen, schon im Herbst angelegt. Aus ihnen entwickeln sich die von vier gelblich-grünen Hüllblättern umgebenen Blüten, die ihrerseits zu Büscheln, so genannten Trugdolden, vereint sind. Jede der kleinen Blüten besitzt einen unsichtbaren Kelch, vier Kronblätter, vier Staubblätter, einen zweikammerigen, unterständigen Fruchtknoten sowie einen kissenförmigen, den Griffel an der Basis umgebenden Diskus. Von den Blüten wird nur ein Fünftel fruchtreif, also zwei von zehn. Von August an – bei manchen Sorten auch erst später – ragen zwei Früchte aus jeweils einer Trugdolde hervor. Diese Steinfrüchte sind meist von elliptischer Form und etwas kleiner als eine Kirsche. Sie können je nach Sorte auch oval oder birnenförmig sein. Die Früchte sind im Durchschnitt zwei Zentimeter lang und wiegen zwei bis sechs Gramm, bei gezüchteten Sorten bis zu acht Gramm. Der Kernanteil liegt bei 7,5 bis 20 Prozent. Die Größe variiert je nach Sorte, ebenso wie die Farbe. Diese ist in der Vollreife zumeist glänzend rot, aber sie kann auch gelb, weiß, fast durchsichtig sein. Das Fruchtfleisch ist außen weich, innen verdichtet es sich und umschließt einen harten Steinkern, der wiederum eine Besonderheit der Natur darstellt. Er besitzt nämlich drei bis vier weiße Leisten, die vom Stielansatz bis knapp vor die Spitze reichen. Wie das Holz der Dirndl, so sind auch die Kerne äußerst fest und dauerhaft, eignen sich also bestens für eine auf Beständigkeit zielende Verarbeitung. Sie sind so etwas wie Perlen unter den Kernen.

Dirndlblüte

Inhaltsstoffe der Früchte

Dirndlsträucher erreichen erst im Alter von zehn bis zwanzig Jahren nennenswerte Erträge – bei gezüchteten Sorten auch deutlich früher. Der Ertrag pro Strauch kann bis zu 40 Kilogramm Frucht betragen. Ein paar Worte zu den Inhaltsstoffen der Früchte: Um nicht vorzeitig von Insekten gefressen zu werden, entwickeln die Dirndln zunächst einen hohen Gehalt an Gerbsäure. Der Anteil wird mit zunehmender Reife geringer. Weitere Inhaltsstoffe sind die Pektine, die als Geliermittel bei der Marmeladeerzeugung gebraucht werden, und Fruchtsäuren, allen voran die Apfelsäure. Die Früchte enthalten acht bis elf Prozent Zucker – vorwiegend Trauben- und Fruchtzucker. Der sehr hohe Gehalt an Vitamin C – mit 85 bis 195 Milligramm auf hundert Gramm Frischsubstanz ist er in etwa gleich hoch wie bei Zitronen – macht Dirndln zu wahren Vitaminbomben.

Fortpflanzung und Vermehrung

Die Dirndl blüht sehr früh, üblicherweise zu einer Zeit, da Bienen noch recht flügellahm sind. Hummeln summen zu der Zeit schon herum, aber sich auf Insektenbestäubung allein zu verlassen, wäre fatal. Daher organisiert sich die Pflanze die Bestäubung selbst. „Männlein" und „Weiblein" sitzen am selben Strauch und somit reicht ein stärkerer Windstoß, um die Bestäubung durchzuführen.

Weiters bedient sich die Pflanze zur Vermehrung und Verbreitung der Vögel – vor allem Krähen, Kernbeißer und Eichelhäher sowie Hasel- und Auerwild werden von Dirndln angelockt. Diese fressen die Früchte bzw. Samen und verbreiten sie auf diese Weise. Die Keimfähigkeit der Samen liegt zwischen 30 und 70 Prozent. Die Keimung selbst ist eine eher langwierige Angelegenheit. Der einzelne Same braucht zumindest einen, meist aber zwei Winter

Gehalte und Anteile der wichtigsten Inhaltsstoffe der Dirndlfrucht

Inhaltsstoff	Gehalt (mg/100 g)	Anteil (%)	Bemerkungen
Vitamin C	60[1]–125[2]	–	–
Fruchtsäuren	–	1,0–2,4[1]	hoher Apfelsäuregehalt
Zucker	–	7,3–8,5[1]	–
Duft- und Farbstoffe	–	0,4[1]	vor allem Anthocyane und Anthocyanidine

Quellen: Tabelle nach Andreas Zeitlhöfler – http://www.garteninfos.de/wildobst/Dipl2-3.html; [1]Friedrich/Schuricht,1985; [2]Graf/Kreß, 1996

zum Keimen und geht auch nach längerer Zeit noch auf. Hat die Pflanze erst einmal ihre Fühler, sprich Triebe, aus der Erde gestreckt, wächst sie nur langsam. Erst mit rund acht Jahren trägt der Strauch erste Früchte.

Natürlich kann man die Aufzucht etwas beschleunigen und die Keime vorziehen. Die beste Aussaatzeit ist Oktober. Auch eine Stecklingsvermehrung ist möglich, die Stecklinge werden dazu zu Mittsommer geschnitten und in Pflanzerde gesetzt. Eine weitere Art der Vermehrung ist, die unten am Strauch wachsenden Zweige bis zum Boden zu ziehen. Die Zweige können sich dort verwurzeln und zu einem neuen Strauch wachsen.

Tipps für die Dirndlkultur

- Da die Dirndl sehr langsam wächst, ist ein Pflanzabstand von 2,5 bis 3 Metern und ein Reihenabstand von 4 bis 5 Metern ratsam. Bei Heckenpflanzungen kann der Abstand auch auf einen Meter reduziert werden.
- Die beste Zeit für die Aussaat oder das Einsetzen einer Pflanze ist der Oktober. Die Dirndl lässt sich aber auch auf vegetative Weise im Frühling bzw. zu Mittsommer durch Steckhölzer vermehren. Weitere Vermehrungsarten sind die Teilung von Sträuchern oder die Vermehrung durch Absenker.
- Um das Wachstum zu fördern, ist eine leichte Kalkung sinnvoll, sofern der Boden nicht ohnehin kalkhaltig ist.
- Starke Düngung ist nicht vonnöten. Die Dirndl ist ein Baum und kein Kraut!
- Treffen Sie auch keine übermäßigen „Pflanzenschutzmaßnahmen". Sprich: Dirndln müssen nicht gegen eventuelle Schädlinge gespritzt werden. Sie bekämpfen ihre Schädlinge selbst.
- Die Dirndl ist äußerst schnittverträglich. Selbst auf einen Stumpf zurückgeschnitten, wächst sie wieder nach. Für alle, die erwerbsmäßigen Anbau betreiben, ist ein Entfernen der Äste am Stamm unterhalb des Kronenansatzes und eine Vereinzelung der Triebe sinnvoll.
- Der Erntezeitpunkt der Früchte ist von Pflanze zu Pflanze verschieden. Am besten legen Sie spezielle Netze auf, schütteln die Äste und lesen die Früchte aus. Wenn Sie die Dirndln als „Oliven" einlegen oder weiterverkaufen, also nicht gleich selber verwerten wollen, pflücken Sie diese, sobald sie sich rosa verfärben. Ansonsten ernten und essen Sie die Früchte erst in ausgereiftem Zustand!
- Alles in allem: Lassen Sie die Pflanze einfach wachsen, genießen Sie den Anblick, bei Hitze ihren Schatten und bei Gelegenheit auch die Früchte.

Noch ein Hinweis für jene, die Dirndln als Zierde im Garten verwenden wollen. Die im deutschen Brandenburg ansässige Gartendatenbank empfiehlt die Kornelkirsche als in jeder Hinsicht gut geeigneten, früh blühenden Zierstrauch für naturnahe Gärten. Schon allein für sich ist sie ein „herrlicher Frühlingsblüher, aber noch viel schöner wirkt sie untermalt beispielsweise von einer leuchtend roten Zierquitte *(chaenomeles)*." Die Nachbarschaft mit der Weißen Forsythie *(abeliophyllum distichum)* kann allerdings „heikel sein, da diese bei feuchter Witterung manchmal rosa blüht." Ein nicht gerade vorteilhafter Farbeneffekt. Sonst gibt es keine Bedenken bezüglich der Verträglichkeit der Dirndl mit anderen Pflanzen.

Dirndln im Winterausklang

Cornus mas in der allgemeinen Pflanzenordnung

Nachdem wir nun die Dirndl in ihrem Erscheinungsbild genau betrachtet haben, sollte es uns ein Leichtes sein, sie in die allgemeine Pflanzenordnung einzufügen. Mit der Kirsche jedenfalls hat sie trotz des Namens Kornelkirsche nichts zu tun. Diese gehört zur Familie der Rosengewächse innerhalb der Ordnung der *Rosales.*

Die Dirndl, seit Linné – wie wir bereits festgestellt haben – wissenschaftlich *cornus mas* genannt, gehört einer eigenen, nach ihr *Cornales* genannten Ordnung des Pflanzenreiches an. Und sie hat auch einer eigenen Pflanzenfamilie den Namen gegeben, nämlich den *Kornazeen,* lateinisch *Cornaceae.* Im Deutschen heißen sie Hornstrauch-, Kornelkirschen- oder Hartriegelgewächse.

Nächster Verwandter im mitteleuropäischen Raum ist der Rote Hartriegel, *cornus sanguinea.* In Ostasien finden sich zwei Arten, die *cornus mas* zum Verwechseln gleichen: *cornus officinalis* und *cornus chinensis.* Insgesamt umfasst die Gattung *Cornus* rund hundert Arten, von denen vierzig in der nördlichen gemäßigten Zone anzutreffen sind.

Systematische Einordnung der Dirndl

Einordnung	deutscher Name	lateinischer Name
Klasse	Dreifurchenpollen-Zweikeimblättrige	*Rosopsida*
Unterklasse	Asternähnliche	*Asteridae*
Ordnung	Hartriegelartige	*Cornales*
Familie	Hartriegelgewächse	*Cornaceae*
Gattung	Hartriegel	*Cornus*
Art	Gelber Hartriegel, Dirndl bzw. Kornelkirsche	*Cornus mas*

ÖKOSTRAUCH UND BODENFESTIGER

In Wörterbüchern wird *cornus mas* meist als „Ziergehölz" bezeichnet. Was auch stimmen mag, denn sie sieht ja gut aus und ziert dank gärtnerischer Kunstgriffe so manchen Park oder Garten. Auch als Hecke ist die Dirndl beliebt. Die Pflanze ist wenig anspruchsvoll und schlägt selbst bei starkem Schnitt wieder aus. Erstaunlich widerstandsfähig ist sie auch gegen Luftverschmutzung, sie bildet also einen guten Abgasfilter. Außerdem ist sie sehr robust, wird nicht von Schädlingen befallen und ihre Rinde hat nur wenig unter Wildverbiss zu leiden. Im ökologischen Gefüge bildet die Dirndl einen wichtigen Ausgleichsfaktor von erstaunlicher Anpassungsfähigkeit. Dank dieser findet man die Dirndl auch an vielen unterschiedlichen Standorten: als Weg- und Waldrandbestand, als einzelstehende Pflanze in Steppengebieten oder als Unterwuchs von Kiefernwäldern.

Dirndlernte

Nahrung und Unterschlupf für Tiere

Einen besonderen Wert hat die Dirndl natürlich auch für die Tiere. Blätter und Triebe etwa werden besonders gern von Feldhasen, Rehen und anderen Wildarten gefressen. Auch Haselmaus und Siebenschläfer tun sich an der Pflanze gütlich. Die nektar- und pollenreichen Blüten sind im Frühjahr neben der Salweide die erste Nahrung und später eine wahre Weide für Hummeln, Honig- und Wildbienen. Die Früchte werden von mehreren Vogelarten wie Kernbeißer, Dompfaff, Kleiber, Eichelhäher, Samtkopfgrasmücke, Steinhuhn, Haselhuhn, Auerhuhn, Alpenkrähe, Aaskrähe und Saatkrähe gefressen. Die Kerne werden dabei mitunter weit weg transportiert. Eine durchaus gut mundende Art der Verbreitung also, die die Dirndl da zu bieten hat. Von ihren Pollen und ihrem Nektar ernähren sich schlussendlich auch Fliegen, manche Käferarten wie der Flache Glanzkäfer und eine lange Reihe von Kleinstgetier. Insgesamt sind an der Pflanze laut Naturschutzbund Deutschland 17 Säugetier- und 15 Vogelarten anzutreffen. Die Insekten hat noch niemand gezählt. Besonders nachhaltig an der Dirndl zu schaffen gemacht hat sich jedoch der Mensch. Und seinem Umgang mit dem Strauch und seinen Früchten wollen wir uns im Folgenden in aller gebotenen Kürze zuwenden.

Gewundene Stämme
eines Dirndlstrauches

Neue Erkenntnisse über die Dirndl

Bis vor wenigen Jahren wurde die Dirndl in der wissenschaftlichen Forschung nur wenig beachtet. 1966/67 testete Uwe Schlüter in Misburg und Ruthe im deutschen Bundesland Niedersachsen *cornus mas* auf seine Eignung für den Busch- und Hecklagenbau. Er kam zu durchaus günstigen Ergebnissen. Dennoch wurde die Pflanze auch in der Folgezeit von der Forscherzunft eher stiefmütterlich behandelt. Erst seit den 1990er Jahren wird über die Dirndl alias Kornelkirsche wieder in stärkerem Maße wissenschaftlich geforscht. Seither wird sie als ökologisch bedeutsame Hecke, konkret als Schutzhecke für Vögel und als Hecke zur Stärkung der Bodenfestigkeit in zahlreichen Broschüren und Ratgebern quer durch den gesamten deutschen Sprachraum empfohlen.

Zu jenen Forscherinnen, die sich auf wissenschaftlicher Grundlage näher mit der Pflanze befassten, gehört die Landschaftsplanerin Sonja Glatzel-Anzberger. Sie stammt aus Türnitz in Niederösterreich, wo sich eines der ältesten Dirndl-Exemplare Österreichs befindet.

Gut gegen „Landschaftsschäden"

Sonja Glatzel-Anzberger veröffentlichte 1999 ihre Diplomarbeit über die Verwendung von *cornus mas* und dem verwandten *cornus sanguinea* (Hartriegel) „in der Ingenieurbiologie und Vegetationstechnik". Hinter diesen etwas gehoben klingenden Bezeich-

Wurzelentwicklung der Dirndl
nach vier Monaten

nungen verbirgt sich durchaus Handfestes. Die Ingenieurbiologie ist jene Wissenschaft, die sich mit der Behebung von Landschaftsschäden auseinandersetzt. Und genau dies war die Vorgabe des Auftraggebers der Studie, des aus Südtirol stammenden Professors Florin Florineth. Verschiedene einheimische Pflanzen sollten auf ihre Eignung zur Wiederherstellung einer „intakten" Natur überprüft werden.

Für ihre Arbeit führte die damalige Studentin an der Wiener Universität für Bodenkultur umfangreiche Versuche durch. Hecken wurden angelegt, Wurzel- und Sprosszuwächse verglichen und solcherart die Wuchskräfte ermittelt. Dazu kamen pflanzenanatomische Untersuchungen – und natürlich fotografische Dokumentationen. Glatzel-Anzberger stellte fest, dass die Dirndl für vegetationstechnische Zwecke bestens geeignet ist und „daher vermehrt eingesetzt werden" sollte. Aufgrund „ihrer Empfindlichkeit gegen Salz und Staub" ist zwar „eine Verwendung an stark befahrenen Straßen" nicht zu empfehlen. Dennoch spricht eine Reihe von Gründen für ihren verstärkten Einsatz. Mehr als 90 Prozent der Dirndlpflanzen entwickelten nach einer Übererdung, wie sie etwa durch kleinräumige Muren auftreten können, so genannte „Adventivwurzeln". Das heißt, sie verzweigten sich sehr stark und bildeten ein komplexes buschiges Wurzelsystem. Dies wiederum ist wichtig für die Befestigung von Hängen. Glatzel-Anzbergers Fazit: Die Dirndl erweitert somit *„das mögliche Pflanzenspektrum für ingenieurbiologische Bauweisen und stellt für die Ingenieurbiologie einen weiteren Schritt zum Begründen einer dem Standort entsprechenden Vegetationsgesellschaft ohne vorhergehenden Einsatz von Pionierarten dar."*

Dirndl auf der Roten Liste

Die Wiederentdeckung der Dirndl als ökologisch wertvolle Pflanze ist längst keine Sache von Insidern mehr. Bereits im März 1998 kürte die Landesanstalt für Ökologie, Bodenordnung und Forsten (LÖBF) in Nordrhein-Westfalen die Kornelkirsche zur Pflanze des Monats. Als Begründung hieß es, sie sei der als Vorfrühlingsblüher häufig angepflanzten, aus China stammenden Forsythie ökologisch weit überlegen, da sie den Bienen mehr Nahrung gebe und die Früchte im Herbst eine begehrte Vogelnahrung darstellten. Folgerichtig empfahl die LÖBF im Frühjahr 2000 in Pressemitteilungen die Anpflanzung der Kornelkirsche alias Dirndl. In einem Merkblatt dazu heißt es: *„Die Kornelkirsche ist aus mehreren Gründen förderungswürdig. Sie wird einerseits in der Roten Liste als potentiell bedroht geführt. Andererseits kann die Verbreitung von verwilderten Kultursorten durch Vögel und der Anbau von Baumschulware zur Vermischung oder Verdrängung der natürlichen Vorkommen führen. Aus diesem Grunde bemüht sich die Forstgenbank in der LÖBF NRW darum, die natürlichen Kornelkirschenvorkommen zu erfassen, um sie mit Hilfe der Forstverwaltungen und Waldbesitzer zu sichern und sie durch den Anbau autochthoner Pflanzen zu vergrößern."* Eine mehr als sinnvolle Maßnahme, die Schule machte und in ähnlicher Weise im niederösterreichischen Pielachtal durchgeführt wird. Hier ist der Bestand weitaus reichhaltiger und daher auch die Grundlage für die Etablierung einer neuen „Dirndl-Kultur" gegeben. Interessierte können auf geführten Wanderungen mit Pielachtaler Natur- und Landschaftsführern alles Wissenswerte von und rund um die Dirndl-Vielfalt in der Talschaft erfahren.

HEILKRÄFTE DER DIRNDL

Die Dirndl als Heilkraut mag bei Hildegard von Bingen und Paracelsus noch stimmig gewesen sein. Aber wie ist dies heute? Um uns einen kleinen Überblick darüber zu verschaffen, werfen wir erstmal einen Blick ins Internet. Von Heilwirkungen oder gar -anwendungen ist da kaum zu lesen. Einer der ansonsten in Heilkräuterbelangen durchaus beschlagenen Internet-Poster etwa meint, er wisse darüber nichts und hätte „auch in ein paar wenigen Büchern nichts über eine etwaige Heilwirkung gefunden." (Jens im *naturforum.de*) Eine kleine Umfrage unter Bekannten ergab ein ähnliches Bild.

Ganz anders die georgischen Schülerinnen. Sie geraten bei der Frage nach den Heilwirkungen der Dirndl alias *švindi* geradezu ins Schwärmen. „Das hilft, immer", erklären sie. Und wobei? Nun, bei allen möglichen Beschwerden. In Georgien machen sich viele Leute am Land noch heute Bäder aus den Blüten, Früchten, Blättern und Rindenstücken der Dirndl. Dies sei gut für den Darm, helfe bei Rheuma und senke zu guter Letzt auch noch das Fieber.

Griff in die Dirndl-Schatzkiste
des Rabensteiner Bioladens

Bei Gicht, Ruhr und hitzigen Erkrankungen

Erstaunliche Heilkräfte also, die kaukasischen Überlieferungen zufolge in dieser Pflanze stecken. Die Lehren der heiligen Hildegard lesen sich da ganz ähnlich. Auch sie empfahl ein Bad aus Rinde, Holz und Blättern gegen die Gicht, die Frucht aber für den Magen. Und Paracelsus setzte Dirndlsaft bei Ruhr und Lymphknotenproblemen ein. Andere heilkundlich bewanderte Autoren des 17. und 18. Jahrhunderts kamen freilich noch zu viel weitreichenderen Einschätzungen. Die häufigen Nennungen der Dirndl in alten Kräuterbüchern belegen, dass Behandlungen mit Teilen der Pflanze früher durchaus gang und gäbe waren. Einen zusammenfassenden Bericht über die altüberlieferten Heilwirkungen von *cornus mas* liefert *Zedlers Universal-Lexicon.* In Band 6, Spalte 1325, heißt es: *„Aus der Frucht wird Brenn-Oel gemacht. Die Cornell-Kirschen kühlen, machen trucken, ziehen etwas zusammen und stopffen; dannenhero in der Rothen Ruhr, Durchlauff, uebrigen Monath-Zeit und Bluth-speyen sehr dienlich: sie geben auch in hitzigen Kranckheiten und Fiebern eine kühlende Labung, wiewohl sie den Magen leicht beschweren, wenn man zuviel davon genüsset."*

Die als Oliven eingelegten Beeren, so der Autor weiter, *„sind aber denen, die einen schwachen Magen haben, nicht gar dienlich. Man macht auch Cornell-Wein daraus, welcher in denen Bauch-Flüssen kann genutzet werden. Einige dörren die Beerlein, stossen sie zu Pulver, und brauchen davon ein Quentlein wider die Blut- und Bauch-Flüsse. In etlichen Apotheken hat man das Rob de Cornis, wie auch ein Electuarium, welches man Cornelinum oder Diacornon, Diacorniolatum zu nennen pfleget und in*

Dirndl-Produkte in Heike Bauers Bioladen

VERKAUFE
BABY-KLEIDUNG
POPOLINO WINDELN
KINDERWAGEN + MAXI COS
AUTO + FAHRRADSITZ
Einladung
SPECIAL EDITION

obgedachten Gebrechen sehr dienlich ist." Das aus dem Holz *„ausgezogene Oel treibet zurück, trocknet aus, digeriret mäßig und rottet den Krebs aus."*

Zedler zitiert aus einer langen Reihe von Büchern: *„Die Beeren in Wein gekocht und getruncken curiret den Nieren-Stein. Die Blüthe hat auch eine anziehende Krafft: wenn aber die Vögel davon fressen, bekommen sie so einen harten Durchlauff, daß sie daran sterben müssen, hingegen stopffen diese Blumen den Menschen: Die Blätter stillen das Bluten der Wunden."*

In einem anderen zu Rate gezogenen Werk heißt es *„daß, wenn ein Mensch von einem wütenden Hund gebissen worden, obwohl die Kranckheit bey ihm noch verborgen; so soll doch die Wütigkeit bey ihm ausschlagen, sobald er unter einen Cornell-Baum gehet oder einen Zweig dieses Baums in die Hand nimmt. Die Tropffen, welche so ein Zweig abgehauen wird, aus dem Baume flüssen, können in einem eisernen Gefäß gesammlet und wider Schwinden abpliciret werden."*

Eine wahre Fülle an Informationen, die aber doch nur in aller Kürze das wiedergeben, was die Dirndl für unsere Vorfahren bedeutete. Ähnliches vermerkt auch der Autor der *„Flora francica aucta, oder vollständiges Kräuter-Lexicon, ... vormals von Herrn Georg Frank von Fankenau lateinisch herausgegeben, nachgehends ins Deutsche übersetzet. ... Sechste Auflage, mit allergnädigsten Privilegiis."* (Leipzig und Züllichau 1766). Er schreibt unter anderem: *„Die Frucht ist kalt im andern, und trocken im dritten Grad, hält an, stopfet, dienet im Durchfall und der rothen Ruhr. In den Apothecken hat man die eingemachten Kirschen und das Mus. Die Tropfen, welche, so ein Zweig abgehauen wird, aus dem Baume fließen, können in einem eisernen Gefäs gesammlet und wider Schwinden appliciret werden."*

Renaissance der Hildegard-Medizin

Bis ins 19. Jahrhundert hinein wurde die Dirndl als Heilpflanze verwendet, und noch heute findet sich in der Heilmittelkunde der Begriff *Fructus Corni* (Früchte des Kornelkirschenbaums) als Bezeichnung für eine Droge. Abseits dessen aber konnte die moderne Medizin nichts mit ihr anfangen. Pharmakonzerne jedenfalls haben sie bisher noch nicht als Grundstofflieferant für Medikamente entdeckt. Immerhin findet sie sich in der Liste der homöopathischen Arzneimittel, wenn sie auch kaum je verordnet wird.

Und die moderne Volksmedizin? Nach Durchsicht von mehr als zwanzig Büchern zum Thema fand sich nur eine kleine Randnotiz. Etwa in *Kölbl's Kräuterfibel* (Grünwald bei München 1961, S. 117), wo etwas kryptisch vermerkt wird: *„Die Kornelkirsche wird in der Volksheilkunde als zusammenziehendes Mittel bei Durchfällen, Ruhr, Blutsturz und chronischem Darmkatarrh empfohlen."* Genaueres sucht man vergebens. Selbst aus diesem Bereich also ist die Dirndl weitgehend verschwunden. Weitgehend, aber doch nicht ganz. Im Zuge der Renaissance der Lehren Hildegards wurde auch die Dirndl wiederentdeckt. In dem bei Heyne im Jahr 1996 erschienenen *Hildegard von Bingen Kochbuch* schreibt Wighard Strehlow: Dirndln *„enthalten den roten Fruchtfarbstoff der Anthocyane, die zur Vitamin-P-Gruppe gehören. Dieses Vitamin P ist ein wichtiger Schutz- und Reparaturfaktor bei Entzündungen und Verletzungen der Schleimhäute und Blutgefäße, zum Beispiel bei Gastritis oder Krampfaderleiden."*

Dem 1990 veröffentlichten Buch *Hildegard Medizin Praxis* des Heilpraktikers Reinhard Schiller zufolge reinigen die Dirndln Magen und Darm. Besonders wirkungsvoll soll die Pflanze bei einer Entzündung des Dickdarms und bei Zöliakie, einer Dünndarmerkrankung infolge der Überempfindlichkeit gegenüber dem im Getreide vorkommenden Klebereiweiß, sein. Bezüglich der Dickdarmentzündung (Colitis) vermerkt Schiller, man solle die Früchte *„roh, als Marmelade, als Gelee, als Mus oder in jeder beliebigen Zubereitung verspeisen. Kornelkirschen reinigen und festigen den Verdauungstrakt. Innerhalb weniger Monate kann Colitis mit Hilfe von Kornelkirschen, ausschließlicher Dinkelkost und begleitender Hildegard-Therapie gelindert, sogar geheilt werden."*

Bei Zöliakie wird folgende Therapie empfohlen: *„Täglich eine Portion Kornelkirschen essen, egal in welcher Form, ob roh oder gekocht, als Marmelade, Mus oder Gelee. Kornelkirschen reinigen und stärken das angeschlagene Verdauungssystem und fördern dessen Gesundheit. Mit einem einmaligen Verzehr kann man aber noch keine Wunder erwarten. Sie sind ein Langzeittherapeutikum und sollen über Monate hinweg täglich verwendet werden."*

Verwendet werden sollte die Dirndl der Hildegard-Medizin zufolge auch bei Magengeschwüren beziehungsweise zur zusätzlichen Behandlung bei Magenleiden. Schlussendlich können Dirndlbäder bei Rheuma und Rückenschmerzen deutliche Linderung verschaffen. Für diese Bäder können Blüten, Blätter oder Rindenstücke verwendet werden. Aber bitte deshalb nicht gleich einen ganzen Dirndlstrauch seiner Schutzschicht berauben! Die Rinde bricht von selbst ab. Wer also beim Dirndl-Klauben Kreuzweh bekommt, nehme ein bisschen Rinde mit nach Hause, mache sich ein Bad und genieße die wohltuende Wirkung der Dirndl.

Die Dirndl in der Volksmedizin unserer Nachbarn

Bei der Suche nach modernen Anwendungsmöglichkeiten sollten wir schlussendlich auch einen Blick über unseren kulturellen Tellerrand hinaus werfen. Nicht nur in den Kaukasus, wie zu Beginn dieses Kapitels. Es genügt ein Blick nach Südost- oder Südeuropa. Die italienische Volksmedizin zum Beispiel *„empfiehlt die Früchte als Mittel gegen Durchfall. Auch die Rinde (die eine bittere Substanz enthält, das Cornin, ebenso wie tannin- und pektinhaltige Substanzen) verleiht einem Aufguss daraus verstopfende und kräftigende Wirkung."* Der ganze Text, eine Lobeshymne auf die Dirndl, ist nachzulesen in dem 1978 veröffentlichten *Guida alle piante medicinali* (Heilpflanzenführer) von Paola Lanzara – oder ins Deutsche übersetzt auf Jan Cornelissens Website. Im Südosten Europas, den Ländern des Balkans, werden Früchte und Rinde als fiebersenkendes Mittel, gegen Durchfall oder als Tonikum verwendet. Sie enthalten, so der aus dem süddeutschen Altmühltal stammende Musiker und Lehrer Bernhard Rawer, *„Apfel- und Zitronensäure, Vitamin 0, Mineralstoffe, Glucose, Gerb- und Gallussäure. Die frischverzehrten Früchte besitzen eine adstringierende Wirkung im Magen- und Darmbereich bei Durchfallerkrankungen und auch bei Ruhr. Schon Ovid wußte Entsprechendes zu berichten. Die Rinde soll Cornin (Verbenalin), ein Iridoidglycosid enthalten, was aber wissenschaftlich nicht nachgewiesen ist."*

Es bleibt also noch einiges an Forschungsarbeit zu leisten. Fazit: Die Dirndl wird als Heilmittel eben erst (wieder)entdeckt. Nicht zuletzt will auch das Dirndltal diesbezüglich Impulse setzen.

RUNDGANG BEIM HERRN DER DIRNDLN

Dass das niederösterreichische Pielachtal zum Dirndltal wurde, ist eine Vorgabe der Natur. Doch ohne menschliches Zutun geht es nicht und im Falle des Dirndltales ist dies ganz besonders das Verdienst von Anton Gonaus. Fritz Kalteis hat ihn im Zuge der Recherchen für das Dirndlbuch besucht.

Hier sein Bericht:

Es mag Bürgermeister Anton Gonaus aus Kirchberg an der Pielach politisch nicht schmeicheln, wird er mit dem Erzkommunisten Peppone aus Don Camillo verglichen, was aber Wesensart und Aussehen betrifft, so ist die Ähnlichkeit augenfällig. Wie Peppone weiß auch Gonaus seinen Weg zu gehen, dem stattlichen Schnauzer hinterher und mit aller Geradlinigkeit, die dem Bauernstand des Pielachtals eigen ist. Was ihn aber auszeichnet, ist die Fähigkeit zu erkennen, wenn er irrt. Geläutert wird er den richtigen Weg einschlagen und ihn konsequent weitergehen. Wobei, was falsch und richtig ist, enthüllt oft erst die Zeit.

Dirndln am Losbach-Hof

So war es bis in die frühen neunziger Jahre des vergangenen Jahrhunderts unbestrittenes Credo der Landwirtschaft im voralpinen Raum, dass alleine die Menge der erzeugten Güter den Landwirt adelt. Was am Losbach-Hof der Familie Gonaus 1957 mit dem ersten Tuckern des 15er-Steyr-Traktors begonnen hat, wollte der junge, ambitionierte Landwirt Anton Gonaus Junior vollenden. Bedeutet das Präfix Los- – vor dem Hausnamen Losbach – im Slawischen ja auch so viel wie „urbar machen", was für Gonaus damals hieß, das Land für immer stärkere Traktoren und Maschinen herzurichten. Die althergebrachten Sträucherzeilen („Zeiller") standen da nur im Weg. Gerodet und verbrannt hätten sie werden sollen, auf dass sie dem Fortschritt nicht mehr im Wege stünden. Tatsächlich waren und sind „Zeiller" Boten einer längst vergangenen Zeit, als sich der Bauer zur Abgrenzung seines Grund und Bodens ungern auf leicht verrückbare Steine und Holzmarkierungen verlassen wollte. Ein gewachsener Zaun sprach da schon eine deutlichere Sprache. „Zeiller" waren die einzig wahren Zäune, als es noch keinen

Anton Gonaus – Herr der Dirndln

Stacheldraht gab. Es gab sie aus Brombeerbüschen, Haselnuss- und Dirndlsträuchern. In massive Zaunpflöcke wurden im Frühjahr, nachdem der Schnee geschmolzen und noch bevor das Laub ausgetrieben war, junge, elastische Triebe von Hasel und Kornelkirsche „eingebogen". Teilweise bog man die Triebe direkt von den Sträuchern herunter und flocht sie ins Geäst, oder man schnitt kräftige Triebe ab. Die Dirndl war dafür besonders gut geeignet, weil, wie Gonaus meint, „die Dirndl sehr schnittverträglich ist, es wachsen immer wieder junge Triebe von einem Stock". Für den jungen Anton und seinen Vater war das eine Arbeit, die sich jeden Frühling wiederholte und so ein Zeichen setzte, dass das Jahr des Landwirtes nun von Neuem beginnen würde. Die Dirndlsträucher waren die ersten Pflanzen, die wieder Farbe in das noch winterliche Land brachten. Im Herbst davor hatten sie ihre betörend süßen Früchte abgeworfen und es war die Pflicht der Kinder am Hof, sie einzusammeln. „Das war immer zu Schulbeginn", erinnert sich Anton Gonaus, „und überhaupt nicht lustig." Dirndlsammeln ist eine Schinderei, die auch einem Schulbuben ins Kreuz fährt. Aber der Lohn kam nur wenige Tage später, wenn ein himmlischer Geruch das ganze Haus anfüllte, wenn die Mutter in der warmen Küche riesige Töpfe voll reifer Dirndln erhitzte und langsam, nach Stunden bedächtigen Rührens, Marmelade daraus zauberte. Es war dieser Duft, der sich tief in die Erinnerung des kleinen Anton einbrannte und der ihn ein Leben lang nicht mehr loslassen sollte. Nur wenige Monate später, wenn der erste Schnee gefallen war, stieg der Geruch der Kindheit erneut über dem Losbach-Hof auf, wenn der Vater mit dem Schnapsbrennen begonnen hatte.

Dem Fortschritt im Weg

„Das Brennen war immer sehr spannend", erinnert sich Gonaus, „der Vater hat dabei oft vom Krieg erzählt", als ihm ein Panzergranatensplitter die ganze linke Hand verletzte und er seitdem mit einem Eisenhaken wie ein Pirat hantieren musste. Das Brennen war Männerarbeit. Es war heiß, anstrengend und gefährlich und verlangte doch unsagbare Geduld und das Fingerspitzengefühl großer Meister. „Wenn der Brandkessel händisch über das Feuer gehoben wurde, gab es oft schwere Verletzungen", sagt Gonaus. Die Geburt des Dirndlschnapses ist eine ständige Gratwanderung, zumal zu jenen Zeiten, als die Brenngeschirre noch nicht wasserummantelt waren und so für eine gleichmäßige Wärmeverteilung gesorgt war. Schnee kühlte das Ablaufrohr, was ein Grund dafür war, dass meist rund um Weihnachten gebrannt wurde. Der zweite Grund ist, dass „da die Finanzer (Finanzbeamten) nicht so oft zur Kontrolle gekommen sind", grinst Gonaus und da war er wieder kurz, der Peppone.

Die Dirndlsträucher am Hof haben den jungen Bauern übers Jahr begleitet. Denn kaum war der junge Schnaps abgefüllt, ging es ans Holzmachen. Nicht, dass man Dirndlsträucher verbrannt hätte, aber dennoch war es jetzt Zeit, die Monate zuvor geschnittenen starken Dirndläste hervorzuholen. Nun, gegen Ende des Winters, waren sie getrocknet, um vortreffliches „Schartholz" abzugeben. Dabei wurden etwa zehn Zentimeter lange Pfropfen auf einen Eisenkeil geschlagen. Um das andere Ende des Pfropfens kam ein massiver Eisenring zur Verstärkung. „Mit diesen „Schar-

Scharten

Verästelungen

ten" wurde Scheiterholz gespalten. Das war eine höllische Arbeit." Jedes Jahr produzierten die Bauern mit diesem einfachen Werkzeug etwa vierzig Festmeter Holz. Bis dann in den achtziger Jahren endlich der hydraulische Scheiterspalter kam und auch diesem kräftezehrenden Einsatzzweck der Dirndl den Garaus machte.

Nichts war mehr so, wie es einmal gegolten hatte. Keine Getreidefelder sollten die Bauern im rauen Klima der Voralpen mehr bestellen, sagten die Agrarexperten, denn das wäre unökonomisch. Grundland- und Futterwirtschaft waren angesagt, Milch das einzige Produkt und davon so viel wie möglich. Die Tagwerker, die Knechte und Mägde verschwanden von den Höfen und in den Wirtshäusern wichen Most und selbstgebrannter (Dirndl)Schnaps zunehmend Bier und Wein. Das Alte war plötzlich nichts mehr wert. Die Mostobstbäume standen mit ihren schwer beladenen Ästen bloß im Weg und die Dirndlsträucher wurden vergessen, bis auch sie der Modernisierung Platz machen mussten. „Binnen 10, 15 Jahren gab es keine Dirndlernte mehr", sagt Gonaus. Jetzt war der Fortschritt da. Rundherum kreischten die Motorsägen und brannten die Feuer, bis auch der Jungbauer Anton Gonaus gesagt hat: „Jetzt werde ich endlich die Sträucher auf der Weide wegräumen. Die schneiden wir um und verbrennen sie, dann ist es mit dem Traktor leichter." Zum Glück ist der alte Köchbrunner-Nachbar daneben gesessen und hat den Anton reden gehört. Er wurde zum Don Camillo des überschwänglichen Peppone. „Nein, ich sag' dir eins: Dirndln schneidet man nicht weg." Der junge Anton hat es gehört, war geläutert und kehrte um.

Dirndln geben dem Tal eine neue Identität

Das Pielachtal war noch nie ein sonderlich gesegnetes Bauernland gewesen. Die Höfe waren meist feuchte, kleine Keuschen auf steilen Wiesen, die meisten Bauern konnten nur neidvoll auf die Herren in ihren mächtigen Vierkantern blicken, die für das wellige Mostviertel prägend sind. Die aufkeimende Milchwirtschaft hat auch die hiesigen Bauern zu selbstbewussten Landwirten gemacht. Doch bald hatte die neue Herrlichkeit Kratzer und Sprünge bekommen. Die Milchpreise begannen zu sinken, immer mehr kleine Höfe gaben auf, die übrigen standen vor der Alternative, sich zu Nebenerwerbsbauern zu degradieren oder bedingungslos auf Wachstum zu setzen. So kam es, dass auch der nunmehr nicht mehr ganz so junge Anton Gonaus für sich beantworten musste: „Was willst du machen? Nur Milchwirtschaft? Dazu arbeiten gehen?" Die Antwort war klar: „Dann lieber was anderes." Die Lösung: Schnapsbrennen. Heute würde Anton Gonaus nicht mehr Schnapsbrennen sagen. Heute spricht er von Edelbränden, die Spitzenerzeugnisse der bäuerlichen Selbstvermarktung. Edelbrand aus Dirndln ist Premiumprodukt und Flaggschiff eines ganzen Rattenschwanzes an Erzeugnissen, die sich seit der Selbsternennung des Pielachtales zum „Dirndltal" auf den Markt drängen. Dass es noch immer zu wenig gibt, um die explodierende Nachfrage an Dirndlprodukten zu befriedigen, kann nur als gutes Zeichen gewertet werden, dass der Weg, den Gonaus und ein paar Mitstreiter Anfang der Neunziger eingeschlagen haben, der richtige ist.

Schuld ist die EU. Die hatte das Pielachtal – für Gonaus völlig unverständlicherweise – nicht zum Ziel 5b Fördergebiet erklärt. Also hielten Gonaus und seine Bürgermeisterkollegen aus dem oberen Pielachtal Kriegsrat. Am Ende der Überlegungen stand eine zünftige Jause mit dem zuständigen Landesbeamten. Dass die Jause auf einem Pferdehof stattgefunden hat, mag dazu beigetragen haben, dass der pferdenärrische Beamte zugesagt hat, sich verwenden zu wollen für die Sache der Pielachtaler. Nur müssten die zuerst sagen, was ihre Sache sei. Anton Gonaus hat nicht lange gebraucht, um zu sagen, dass der Schnaps fortan die Sache des Pielachtals sei. Im Herbst 1994 wurde schließlich aus einer Reihe von Arbeitskreisen die Pielachtaler Edelbrandgemeinschaft gegründet und der Pielachtaler Edelbrand als geschütztes Markenprodukt geboren. Der Entschluss war schnell gefasst, von Edelbrand konnte dagegen in den frühen Neunziger noch keine Rede sein. Die Brenner der Region hatten viel zu lernen. Als man im Hause Gonaus das neue, wasserummantelte Brenngeschirr erstmals angeworfen hatte, wäre fast das Brenngeschirr durchgebrannt – es war schlicht und einfach kein Wasser eingefüllt worden. Der Gegenwind kam auch aus den eigenen Reihen. Großvater Gonaus hat die erste von seinem Sohn liebevoll eingesetzte Dirndl eigenhändig wieder ausgerissen. Es war ihm nicht mehr beizubringen, dass dieselben Sträucher, die vor kurzem noch ein Hindernis waren, nun die Zukunft seines stolzen Standes sein sollten. Inzwischen hat die Familie zahlreiche Preise für diverse Dirndlspezialitäten eingeheimst.

„Einen gewissen Nimbus hat der Dirndlschnaps freilich immer gehabt, weil das Brennen so schwierig war." Und ist. Aber heute sind die Pielachtaler Edelbranderzeuger echte Könner ihres Faches. Sie haben schnell gelernt. 1996 stellten sich die erste Preise ein und der Preisregen sollte bis heute nicht enden. Schnaps wird freilich nicht mehr zur Verkostung gereicht, es gibt ausschließlich Edelbrände, darauf legen die Mitglieder der Gemeinschaft wert. Ihre Erzeugnisse lassen sie sich heute gut bezahlen, und so ist die Vision von Anton Gonaus, sich und seinen Berufskollegen ein zusätzliches Standbein zu verschaffen, wohl gelungen.

Innovative Dirndlverarbeitung

Es ist ein strahlender Frühlingstag, an dem Anton Gonaus gemeinsam mit seinem Sohn die „Zeiller" auf der Sonnenseite seines Grundes pflegt. Mit sicherer Hand schlägt er dicke Pflöcke in den Boden und flicht die dünnen Äste ein. Die Sonne steht schon hoch und lässt Dampfschwaden vom taufeuchten Wiesenboden aufsteigen. Auf der anderen Talseite hängt noch der Schnee im Schatten. Es ist Dirndlblüte. Strahlend gelb leuchten die stattlichen Stauden vor den Weiden der Umgebung. 400, 500 Jahre können sie leicht alt werden und sehen dann ein bisschen aus wie die knorrigen Olivenbäume, die man aus biblischen Gegenden kennt. „Die Dirndl hat enorm an Ansehen gewonnen", doziert Gonaus und lässt sich von seinem Sohn einen neuen Pflock reichen, „zuletzt wurden 2.200 Stauden neu gepflanzt". Und das auch an Stellen, die leichter zugänglich sind. Endlich. Denn die meisten Dirndlstauden des Pielachtals haben die unangenehme Eigenschaft, sich dort zu verstecken, wo es unwegsam ist und steil und die ohnehin mühselige Ernte eine zusätzliche Plackerei. Dabei würden die Dirndlverarbeiter des Pielachtals jede Dirndl dringend brauchen. Man kann sagen, der Erfolg der Dirndlvermarktung hat die Pielachtaler ein wenig überrollt. Was mit Dirndlschnaps begonnen hat, füllt heute mit Dirndlsaft, Marmelade, Sirup, Eis, Honig, Schokolade, Lollies, Bier, Sekt und vielen anderen Spezialitäten ganze Regalmeter.

„Derzeit werden alle Dirndlsträucher erhoben", sagt Gonaus, „jeder soll ernten oder wenigstens ernten lassen." Die Ziele sind hochgesteckt, man will sich professionalisieren. „In Zukunft sollen Zulieferer die Rohware erzeugen und Spezialisten die Markenprodukte. Wir brauchen eine bessere Logistik für Ernte, Verarbeitung und Vermarktung."

Anton Gonaus ist mit der Pflege seiner „Zeiller" fertig. Für ein paar Minuten setzt er sich mit seinem Sohn unter einen mächtigen Dirndlstrauch, gut 200 Jahre wird er alt sein. Er erzählt, dass er vor Jahren einmal veredelte Sorten gepflanzt hat, die er nach langer Suche in einer Klosterneuburger Baumschule gefunden hatte. Fünf Sträucher stehen heute noch. Aber sie würden weniger tragen als die Wildsorten und ungleichmäßig reifen, und außerdem schmecken sie auch nicht so gut. Aber allein, dass es sie gibt, ist ein gutes Zeichen, denn der Vater hat sie nicht ausgerissen. „Ich hab halt auch meinen Kopf und hab sie eingezäunt." Da war er wieder, der Peppone.

Beim Zeiller-Machen

EDELBRÄNDE VON DER DIRNDL

Seit Menschengedenken wird aus Dirndlfrüchten Alkohol gebraut. Durch Vergärung der Frucht wurde schon während des Neolithikums, der jüngeren Steinzeit, ein laut Michael Machatschek „leicht berauschendes und schmerzstillendes Getränk" hergestellt. Es ist dies somit eines der ältesten Genussgetränke, die es im Raum zwischen Mitteleuropa und dem Kaukasus gibt. Die Tradition des Dirndlbrennens scheint sich über die Zeit der Antike bis ins Mittelalter gehalten zu haben.

In Südost- und Osteuropa sowie den Kaukasusländern werden seit alter Zeit die unterschiedlichsten Brände hergestellt. In Russland recht beliebt etwa ist *dernovka,* ein Dirndllikör. In Armenien gibt es *honi oghi,* einen Dirndlvodka, in Aserbaidschan ein ähnliches Getränk, *zogal araghi.* In den Ländern des ehemaligen Jugoslawiens macht man aus der Dirndl den viel geschätzten *raki iz drenjine,* zu deutsch Dirndlraki. Und in Frankreich gibt es einen speziellen Dirndlwein, *vin de cornouille.* Dies sind nur ein paar Beispiele aus einer reichhaltigen Palette von Dirndlspirituosen.

„Dirndlerner" Blick

Gefrorene Dirndln bei den Fuxsteiners

Spezialität aus dem Hause Fuxsteiner

Original Pielachtaler Dirndlbrand

Natürlich wurden auch hierzulande solche Destillate erzeugt. Johann Ludwig Christ schreibt in seinem 1798 in zweiter Auflage erschienenen *Handbuch über die Obstbaumzucht und Obstlehre*, dass die Früchte „auch einen guten Branntwein" ergeben. Klösterliche Aufzeichnungen aus jener Zeit belegen zwar den Handel mit diesem Trank, geben aber keine eindeutigen Hinweise auf dessen Produzenten oder gar auf Überlieferungen bezüglich der Herstellung des auch damals schon gern genossenen Dirndlbrandes. Es ist aber nicht unwahrscheinlich, dass er im Pielachtal und seinen Nachbarregionen erzeugt wurde. Das Brennen der Dirndln hat hier jedenfalls eine lange Tradition. Und die Pielachtaler trinken den Dirndlbrand nicht nur zum Genuss. Er gilt auch als altes Hausmittel gegen allerlei körperliche Übel. Nach kräftigem Essen etwa wirkt er verdauungsfördernd, ansonsten in jeglicher Hinsicht inspirierend.

Wie auch immer – die Tradition wurde etwas in den Hintergrund gedrängt, bis die Dirndl als Kulturpflanze im Pielachtal wieder auflebte und sich die ansässigen Schnapsbrenner zur Edelbrandgemeinschaft zusammenschlossen. Ihr Ziel war und ist es, *„in Fortführung alter Traditionen die zahlreichen, seit Jahrhunderten bodenständigen Obst- und Beerensorten zu erhalten und zu veredeln."* Es geht im vollen Umfang des Wortes darum, den „Geist der Frucht" festzuhalten. Das Motto dabei: Lieber ein paar Liter weniger produzieren, dafür aber umso bessere Qualität liefern.

Die zurzeit aus 21 Mitgliedern bestehende Pielachtaler Edelbrandgemeinschaft hat die Dirndl zu ihrem besonderen Liebling erklärt. Immerhin, der

Original Pielachtaler Dirndlbrand ist mittlerweile eine österreichweit geschützte Marke, und auch der *Pielachtaler Dirndllikör* wird als Produkt von Spitzenqualität gepriesen. Er hat vor kurzem sogar eine der höchsten Auszeichnungen der Zunft, das *Goldene Stamperl,* erhalten. Damit die Qualität auch wirklich passt, werden für den Verkauf gemeinschaftliche Verkostungen unter Aufsicht der Landwirtschaftskammer durchgeführt. Um die Kräfte aller Dirndlproduzenten zu bündeln, wurde im Juli 2007 die *Dirndl-Edelbrand-Dörrobst-Gemeinschaft* mit mehr als 40 Mitgliedern geschaffen.

Sensorik des Dirndlbrandes

Die Pielachtaler Edelbrenner wollen ihr Wissen nicht für sich behalten. Sie organisieren Verkostungen, in deren Rahmen die Teilnehmer Wissenswertes über Frucht und Herstellung sowie das Dirndltal ganz allgemein erfahren. Außerdem werden sie in die richtige Verkostungstechnik eingeführt. Die wichtigsten Richtlinien dabei: Zuallererst muss der Geruch sauber und reintönig, fruchtig und sortentypisch sein. Als nächstes wird der Edelbrand an den Gaumen

Der Geruch – sauber und reintönig, fruchtig und sortentypisch

gelegt, wo er sich als elegant, ausgeglichen und rund erweisen sollte. Schlussendlich verbleibt bei guten Bränden ein angenehmer Duft auch noch im leeren Glas, was einen insgesamt milden und ausgewogenen Eindruck hinterlässt. Wichtig beim Genuss ist nicht nur die richtige Temperatur – 15 bis 18 Grad Celsius –, sondern auch das richtige Glas. Stielgläser in mehr oder weniger ausgeprägter Tulpenform geben dem edlen Trunk ein deutlich besseres Aroma als ein gewöhnliches Schnapsglas.

Peter Humpelstetter, langjähriger Obmann der Dirndlbrenner, legt Wert auf Qualität: *„Man sagt nicht mehr Schnaps, man sagt Edelbrand. Korn und Fusel, das ist Schnaps"*. Wichtig, das zur Kenntnis zu nehmen, hatte doch der gemeine Schnaps ein gewisses Imageproblem, bevor er begann, zum Edelbrand zu mutieren. Alkoholgehalt als einziges Qualitätsmerkmal, „Koma-Trinken" als Prüfstein für echte Männer, Schnaps als Treibstoff für den „Jagatee", das ist für Edelbrenner absoluter Kulturverfall. Aber, wie Humpelstetter erleichtert feststellt: *„Die Trinkkultur hat sich geändert. Die echten Schnapstschecheranten von früher gibt es heute nicht mehr."* Das mag auch an den Preisen liegen. Denn während es früher den Liter Obstler zum Gegenwert von ein paar Euro gab, kriegt man dafür bei Peter Humpelstetter gerademal 0,2 Liter. Dafür aber den Allerbesten. Und das ist bei Humpelstetter der *Dirndlerne*. Für den hat er bei der Edelbrandmeisterschaft 2002 die *Goldene Dirndl* bekommen. *„Das ist wie eine Olympische Medaille"*, sagt er. Denn einen guten *Dirndlernen* zusammenzubringen, verlangt viel Arbeit, Hingabe und Gefühl. Der *Dirndlbrand* ist das Spitzenprodukt der Pielachtaler Edelbranderzeuger, und er wird über die Region hinaus gekauft und genossen.

Die „Goldene Dirndl"

Peter Humpelstetter wohnt mit seiner Familie am Plambacheck, einem Höhenzug zwischen Hofstetten an der Pielach und dem Traisental, wo die Luft meist klar ist und der Blick weit in die Ferne schweifen kann. In der ganzen Gegend hier gab es früher Massen von Dirndln, mitten auf den Weiden und als Hecken. In den 1970er Jahren fand ein Wertewandel statt, die alten Dirndlhecken waren mit einem Mal als Nutzobst und auch als Erosionsschutz überflüssig geworden. Man rodete sie, wer es nicht tat, wurde mitunter von den Nachbarn schief angeschaut. Das Beharren Einiger aber hat sich gelohnt. Die Dirndl ist wieder wertvoll.

Humpelstetters *Dirndlerne* sind, wie jeder Verkoster schnell merken wird, jeder für sich etwas ganz Eigenes. Der Verlauf eines jeden Jahres drückt ihnen seinen Stempel auf, macht Jahrgang für Jahrgang unverwechselbar – wie beim Wein. Und genauso unverwechselbar im Geschmack sind die *Dindlernen* der verschiedenen Erzeuger. Das liegt einerseits an der Brennmethode, andererseits aber auch an den unterschiedlichen Dirndlstandorten.

Die Produktion des *Dirndlernen* ist eine Wissenschaft für sich. Ein kleiner Fehler, und die Sache ist beim Teufel. Josef Fuxsteiner senior weiß dazu etliche Geschichten von früher zu erzählen. Als Mitbegründer der Edelbrandgemeinschaft ist er sehr auf hohe Qualität bedacht. Doch früher war diese nicht so einfach wie heute zu erreichen. Beim Ausklang des Ersten Weltkriegs, erzählt er, wurden die Kupferkessel eingezogen, und die Bauern mussten sich mit Eisenkesseln behelfen. Das Ergebnis war nicht genießbar und man lernte daraus, dass das Material der Brenngeräte eine große Rolle spielt.

Kritische Erstverkostung des Dirndlernen

Die Dirndl selbst gilt bei Brennern als sehr heikel. Sie brennt leicht an oder schäumt über bei zu viel Hitze und muss daher besonders schonend gebrannt werden. Die Kunst, so Josef Fuxsteiner, *„liegt im exakten Abtrennen von Vor-, Mittel- und Nachlauf."* Und das erfordert einiges Fingerspitzengefühl. Früher war man da nicht ganz so genau. Da kam es schon mal vor, dass die Bauern, ehe sie die dickflüssige Maische einfüllten, Haferstroh „unterlegten". Was rauskam, mag zwar ein starkes Aphrodisiakum gewesen sein, die Geschmacksnerven aber mussten einiges über sich ergehen lassen.

Heute ist die Sache zum Glück anders. Moderne Geräte verlangen zwar weiterhin viel an Fingerspitzengefühl, erleichtern die Arbeit dennoch gewaltig. Der Hof der Familie Fuxsteiner liegt wie der der Humpelstetters hoch droben, inmitten von Dirndlsträuchern am Eibenberg zwischen den Gemeinden Rabenstein und Kirchberg. Die Fuxsteiners brennen Dirndln seit Generationen. Mehr als 30 Edelbrände werden von ihnen hergestellt. Die Familie produziert weitere Spezialitäten, wie den Dirndllikör zum Beispiel, der 2007 die Goldmedaille errang, auch Marmeladen, Sirups, Gelees und den hochwertigen Dirndl-Creme-Honig, der aus cremig gerührtem Honig und passierten getrockneten Dirndln besteht.

Aber kommen wir nochmals zurück zum Edelbrand. Für alle, die es selbst probieren wollen, ein paar grundlegende Hinweise zum Schluss: Bei der Herstellung des Dirndlernen sollten die Früchte ausreichend gereift sein, damit sie einen guten Geschmack und einen hohen Extraktgehalt aufweisen. Am Ende entstehen zirka fünf Liter Alkohol pro 100 Kilogramm Dirndln. Das fertige Produkt sollte ein Jahr lang rasten bzw. lagern. Wenn das Aroma irgendwie in Richtung weiße Trüffeln weist und der Brand im Abgang zart, grasig und leicht ölig wirkt, dann ist er absolut perfekt. Wohlan denn, Prost!

VON BIER BIS SCHOKOLADE – DIRNDLGENÜSSE VOM FEINSTEN

Die erstaunlich große Zustimmung, die die Pielachtaler Edelbrandgemeinschaft mit ihren edlen Tropfen findet, ist nur ein Beispiel für die wachsende Bedeutung der wiederentdeckten Frucht. Einmal mehr merken wir: Die Dirndl ist wieder in. Wer nun, von Neugier auf die Pflanze getrieben, nach Dirndlprodukten sucht, wird kaum sonstwo eine so große Vielfalt finden wie am Lechner Hof. Die angebotene Produktpalette reicht von Dirndlzucker über Dirndlmarmelade, Dirndllikör und Dirndltee bis hin zu Dirndlbier, Dirndlschokolade und Ähnlichem mehr. Aber alles der Reihe nach. Auf der Suche nach dem innovativen Betrieb müssen wir das eigentliche Pielachtal verlassen und uns in eins der Seitentäler begeben. Von St. Pölten kommend, geht es zwischen Rabenstein und Kirchberg beim Steinschaler Hof, dem größten Fremdenverkehrsbetrieb der Region, links in Richtung Traisental. Die weit verstreute Ortschaft hier trägt den etwas fremd klingenden Namen Tradigist. Namensgeber war vermutlich eine slawische Gottheit, Radhošt alias Radegast mit der Wortbedeutung „Willkommen", seines Zeichens Gott der Ernte, Herde und Gastwirtschaft, daneben auch der Sonne und des Krieges. Und vielleicht auch der Dirndl, warum nicht?

Zu Besuch am Lechner Hof

Wer zwischen Mitte August und Oktober anreist, wird über die vielen Netze, die auf den Hängen ausgelegt sind, staunen. Ganz offensichtlich werden da massenweise Früchte geerntet. Und bei genauerem Hinsehen wird auch klar, welche: Dirndln. Zur Begrüßung erscheint meist eine Schar eigenartiger Laufvögel: Strauße. Beileibe kein afrikanisches Exotikum, wie uns der Besitzer Franz Grasmann, der Hausherr am Lechner Hof, erklärt, sondern ein eurasiatisches Steppentier, das in Wirklichkeit bestens angepasst ist an unsere klimatischen Bedingungen – und „Rohstoff" für eine Fülle von Produkten, die es hier zu bewundern und zu kaufen gibt: von Straußeneiern bis zum Straußengselchten. Aber eigentlich sind wir aus einem anderen Grund hier. Und ein kleiner Rundblick macht klar: Die Dirndl ist hier allgegenwärtig.

Einige Kübel voll stehen zur Erntezeit immer herum und harren der Verarbeitung. Die meisten Früchte wurden am Hof geerntet. Die Grasmanns kommen zur Erntezeit aber auch viel herum – die Dirndln wachsen hier einfach in Massen und Vielen ist die Verarbeitung über den Eigenbedarf hinaus schlicht (noch) zu mühsam. Manuela Grasmann jedoch scheut die Mühen nicht. Sie hat, seit sie mit ihrem Mann den Hof übernommen hat, eine lange Reihe von Rezepten und Dirndlspezialitäten entwickelt. Diese werden von einer stetig wachsenden Kundschaft sehr geschätzt. Bis nach Berlin werden Dirndlprodukte vom Lechner Hof verkauft.

Dirndlernte

Ein Genuss der besonderen Art – Dirndlschokolade

Die riesige Palette an Dirndlspezialitäten vom Lechner Hof:

- Dirndlbrand
- Dirndlkompott
- Dirndlmarmelade
- Dirndlgelee
- sauer eingelegte Dirndln
- Dirndllikör
- Dirndlsaft
- Dirndlbier
- Dirndlknödel mit Fruchtsoße
- Dirndlcremelikör
- Dirndltee
- kandierte Dirndln
- getrocknete Dirndln
- beschwipste Dirndln
- Dirndlzucker
- Dirndlfruchtrollis
- Dirndltrüffel
- Dirndlpralinen
- Dirndlsekt
- Dirndlchutney
- Dirndlschokolade

Noch etwas gefällig? Manuela Grasmann ist gern bereit, neue Ideen aufzugreifen und umzusetzen. Ihre neueste Idee: ein Heiltee, nein mehr ein Heilbad nach Anregungen Hildegards von Bingen. Vielleicht eine Art erste Hilfe bei Kreuzschmerzen infolge allzu intensiver Dirndl-Erntearbeit. Aber wie wir schon festgestellt haben, gibt es auch andere Krankheiten, die die Dirndl zu heilen vermag.

Die Grasmanns haben gelernt, die Dirndl zu schätzen und – wieder – zu nutzen. Und vor allem etwas daraus zu machen. Ein kleines Beispiel für vielleicht viele, die noch folgen werden.

VIELFÄLTIGE NUTZUNG DES DIRNDLHOLZES

Nach diesem kurzen Ausflug zu den Pielachtaler Dirndlprodukten zum Genießen, im Folgenden ein kleiner Überblick über die vielfältigen Verwendungsmöglichkeiten des Dirndlholzes. Dass sich Dirndlholz in ganz besonderer Weise für Lanzen eignet, davon war schon mehrfach die Rede. Auch davon, dass Pfeile und Bögen daraus gefertigt werden können. Doch die Dirndl ist in diesem Bereich längst zum Exotikum verkommen. Grad' noch ein paar Sport-Bogenschützen hantieren mit ihr – oder besser, beginnen wieder mit ihr zu hantieren. Denn Dirndlholz ist für Profis etwas Besonderes.

Die Dirndl – bis vor Kurzem
bedenkenlos abgeholzt

Dirndlholz als Material für Werkzeuge

Das Dirndlholz ist sehr dicht, zäh, hart und schwer, bleibt aber polierbar und ist nicht leicht zu spalten. Diese Eigenschaften wurden vor allem in der Drechslerei und Wagnerei genutzt, etwa zur Herstellung von Werkzeugen unterschiedlicher Art. Auch Radspeichen, Schusternägel, Messergriffe, Hammerstiele, mathematische Instrumente und Kämme wurden aus Dirndlholz hergestellt. Schlussendlich verwendete man das feste Holz der Dirndl vielerorts für Zahnräder in Mühlwerken und Uhren.

Dieser mannigfachen Nutzbarkeit wegen war es im Tausch und Verkauf einst eine der wertvollsten Holzarten. Wichtig bei alledem war aber ein sorgfältiges Trocknen, da Dirndlholz leicht an Volumen abnimmt.

Diesbezüglich ein Tipp von Michael Machatschek: *„Aus Frutigen in der Schweiz erfuhr ich von einem Tischler Folgendes: Vor allem Steinobstholz gräbt er in einem großen Erdloch an jener Stelle ein, wo das Wasser der Dachrinne herunterfließt. Unter der Erdbedeckung belässt er es zwei bis drei Jahre und dann lagert er es zur Endtrocknung. Dieses Holz schwindet nicht und dehnt sich nicht aus. Es bleibt formgetreu offenbar durch diese Behandlung. Dies müsste eine Möglichkeit sein, um Risse auch beim harten Dirlitzenholz zu vermeiden."*

Dirndlschmuck

Ziegenhainer – die Dirndl als Spazierstock

Im Verlauf des 19. Jahrhunderts kam in Deutschland, von der Region um Jena ausgehend, ein besonders strapazierbarer Stock mit dem Namen *Ziegenhainer* in Mode. Er war nach der in einem Nebental der Saale bei Jena gelegenen Ortschaft Ziegenhain benannt. Dort hatte Ernst Gundermann 1789 die ersten *Ziegenhainer Knotenstöcke* aus Dirndlholz gefertigt. Für etliche Familien dieses „Bierdorfes" bildete die Stockmacherei über Jahrzehnte hinweg die Lebensgrundlage. Heute werden *Ziegenhainer* nur noch vereinzelt – und auch nicht mehr nur aus Dirndlholz – hergestellt. Ursprünglich aber wurde der *Ziegenhainer* ausschließlich „aus den geschälten Ästen" der Dirndl gefertigt.

Aufgrund der Festigkeit des Holzes eignete er sich nicht nur als Spazier- und Wanderstab, sondern ermöglichte auch härtere Einsätze, zum Beispiel bei studentischen Fechtduellen. Dabei wurden *Ziegenhainer* von Sekundanten zur Abwehr von Schlägen verwendet. Wo anderes Holz längst zerbrochen wäre, hielt die Dirndl den Hieben immer noch stand.

Über die Herstellung der *Ziegenhainer* vermerkte der „Thüringer Volksfreund" im Jahr 1829: *„Die vom Kornelkirschenbusch abgeschnittenen Stöcke wurden mit der Schale in den Ofen des Ziegenhainer Brauhauses gesteckt. Hier wurden sie auf einem vorgelegten Scheit Holz immer wieder herumgedreht, und zwar an beiden Enden, bis die Schale absprang und die Stöcke die gewünschte braune Farbe erhalten hatten. Dann wurden sie in den Wasserbehälter vor dem Brauhaus geworfen und von der* *noch daran hängenden Schale befreit. Die Knoten wurden sauber abgeschnitten, die Stöcke gerade gebogen und, um sie geschmeidig zu erhalten, im Keller aufbewahrt."*

Ziegenhainer sind freilich nicht die einzigen Stöcke aus Dirndlholz. So etwa stellten im südlichen Tessin, einem Kanton der Schweiz, die Bauern noch bis vor wenigen Jahrzehnten aus dem Holz der jungen Aufwüchse strapazierfähige Spazierstöcke her, wie Michael Machatschek berichtet (*Nahrhafte Landschaft,* S. 175).

Und auch andernorts im Alpenraum wurden und werden Dirndlstöcke zum Wandern und von Buben zu Fechtwettkämpfen verwendet. Wer diese Tradition wiederbeleben will, sei allerdings noch einmal darauf hingewiesen, dass das Holz beim Trocknen leicht Risse bekommt.

Orientalische Klänge – Musik aus Dirndlholz

Die *Dhol* ist eine zylindrische Trommel, die von Indien bis in den kaukasisch-anatolischen Raum verbreitet ist. Vor allem in Armenien wird sie heute in unterschiedlichsten Formen als volksmusikalisches Perkussionsinstrument eingesetzt. Die ältesten Belege für ihre Verwendung finden sich im 1. Jahrtausend vor Christus.

Beim Spiel dieser Trommel werden harte und zugleich elastische, dünne Stöcke, *Tschipot* genannt, verwendet. Und für eben diese ist, wie Dhol-Spieler versichern, das Holz der Dirndl mit Abstand am besten geeignet.

Auch die *Kaval,* eine bulgarische Flöte, wird zumeist aus Dirndlholz gefertigt und mit einem Mundstück aus dem Horn eines Rindes versehen. Das Instrument ist in C oder D gestimmt und hat vier unterschiedliche Register zur Auswahl. Vor allem in den unteren Bereichen entfaltet sie eine wahre Klangfülle. Geübte Spieler entlocken ihr sowohl milde Bässe als auch Flageolett-Töne. Das harte Holz der Dirndl verleiht der Flöte den für sie typischen orientalischen Klang.

Farbpalette der Dirndl

Rinde, Holz und Blätter der Dirndl enthalten Gerbstoffe, die zum Färben benutzt werden können. Vor allem die Borke mit ihrem Lohgehalt von 7 bis 16 Prozent eignet sich besonders dafür. In seinem „Handbuch der Gewächskunde" aus dem Jahr 1833 merkte Johann Christian Mössler zu diesem Thema kurz und bündig an: *„Die Rinde der Wurzel färbt rosenrothbraun; die Rinde der Zweige gelb; und das Holz die Wolle braun."*

Erfahrungswerte, die belegen, dass früher viel gefärbt wurde mit der Dirndl. Und das nicht nur in Mitteleuropa, sondern vor allem im kaukasisch-anatolischen Raum. In der Türkei etwa wurde die Dirndl früher dazu benutzt, um den Fez, die traditionelle türkische Kopfbedeckung, rot zu färben. In Georgien wurden Stoffe unterschiedlichster Art mit der Dirndl gefärbt. In verschiedenen europäischen Ländern schließlich vermischte man die Dirndlrinde mit Alaun und Pottaschenlauge und erhielt so eine braune Lackfarbe.

Ansehnliches – Dirndl als Schmuck

Eigentlich ist der Dirndlstrauch ja selbst ein Schmuckstück. Zumindest wird er als solches in vielen Gärten und Parkanlagen gepflanzt. Die gelb strahlenden Blüten sind die ersten Boten des Frühlings, eröffnen sozusagen den Blütenreigen und beenden den Jahreszyklus mit einer herbstlichen Farbenpracht – rote Früchte in Blättern, deren Farbe sich allmählich, je nach Sorte, von tiefgrün in weiß-bunt bis purpurrot wandelt.

Aber aus Dirndln lassen sich auch andere Schmuckstücke fertigen. Um Näheres darüber zu erfahren, begeben wir uns noch einmal ins Pielachtal. Nicht weit vom „Herrn der Dirndln" Anton Gonaus entfernt, lebt und arbeitet Engelbert Groiß. Er hat sich der Herstellung diverser Holz- und Hirschgeweih-Kunstwerke verschrieben und ist vor wenigen Jahren auch auf die Dirndl gestoßen. Immerhin befindet sich unweit seines Hauses die größte „Dirndl-Plantage" der Region, die vom Schweiger Hans, mit etwa 140 Sträuchern.

Dirndlarmband

Der Dirndlschmuckmeister

Die Bearbeitung der Dirndl ist keine leichte Sache. Der Kern ist fast so hart wie Stein und schwer zu bearbeiten. Schon die Reinigung ist eine mühsame Arbeit. Die einfachste Möglichkeit, das Fruchtfleisch vom Kern zu trennen, ist, die Dirndln einfach einzufrieren und dann das vereiste Fruchtfleisch abzuklopfen.

Engelbert Groiß verwendet die Dirndlkerne vor allem für Ketten – aufgefädelt zu gewöhnlichen Halsketten, zum Teil mit Perlmutt durchsetzt, als Armbänder, als Zierde für Schnapsflaschen und als Pfadfinder-Rosenkränze. Außerdem gibt es noch Ohrgehänge und dergleichen mehr. Die Bearbeitung der einzelnen Stücke nimmt viel Zeit in Anspruch. Die Kerne sind nämlich schwer zu bohren. Das Dirndlholz lässt sich etwas leichter bearbeiten. Groiß macht aus dem Holz vor allem Knöpfe, außerdem Stöpsel für Schnapsflaschen, Pfeifen, Fingerhüte und Bieröffner. Wanderstöcke würde er auch gerne herstellen, aber er hat bisher nicht genug verwendbares Dirndlholz gefunden. Der Strauch wächst einfach zu wild, und Zweige gerade zu ziehen hat man bisher nicht der Mühe wert befunden. Aber auch so hat der „Dirndlschmuckmeister" genug zu tun. Die Nachfrage steigt rasant. Ein Dirndlschmuckstück ist etwas Besonderes und hat den Vorteil, dass es praktisch nicht verrottet. Es hält beinah „ewig wie Stein". Das Holz der Dirndln ist demnach so etwas wie der Diamant unter den Holzarten.

DIRNDL – BEGEHRT ÜBER DIE REGION HINAUS

Früher, bis vor etwa einem Jahrhundert, war die Dirndl im Gebiet zwischen Mitteleuropa und dem Kaukasus ein begehrtes Handelsgut. In Armenien, Georgien, Aserbaidschan und Kaukasien werden heute noch Dirndlmarmeladen, Dirndlkompotte und Dirndlvodkas (*honi oghi* in Armenien, *zogal araghi* in Aserbaidschan) durch mehrere Unternehmen vertrieben. Am Wiener Naschmarkt und in türkischen Läden sind Dirndlprodukte unterschiedlichster Art zu kaufen, zum Beispiel georgische Dirndlrosinen oder getrocknete Dirndln.

Bis zum Ersten Weltkrieg wurde von heimischen Greisslereien noch mit den Früchten gehandelt. 1918 kostete in München ein Kilogramm Dirndln 60 Pfennige. In Österreich lag der Preis etwas darunter. In der Zwischenkriegszeit und bis in die 1950er Jahre hatte die Dirndl in einzelnen Regionen wie dem Pielachtal noch einen Wert als Vitaminspender in Zeiten der Not. Gehandelt wurde schon damals nicht mehr mit Dirndlprodukten und wenig später verschwand sie weitgehend vom Speiseplan. Im Pielachtal allerdings steigt die Nachfrage nach Dirndlprodukten rasant. Dies liegt auch an der Präsentation der Region und ihrer Produkte auf überregionaler bis internationaler Ebene. Dabei spielt die Pielachtaler Dirndlkönigin eine gar nicht so geringe Rolle.

Dirndlgenüsse aus dem Hause Kalteis

Dirndlkostproben aus dem Pielachtal

Das Dirndltal hat viele köstliche Dirndlprodukte zu bieten. Doch auch hier war es nicht immer so. Das einzige wirklich „kostbare" Produkt blieb lange Zeit der Dirndlbrand – ein besonders edler Tropfen, immer serviert im Stamperl mit einem Glas Wasser, damit der Genuss nie zum Kollaps führt. Der *Dirndlerne* war seit jeher etwas für „Echige", für „eingeborene" Pielachtaler. Gäste bekamen ihn nur in ganz besonderen Fällen. *„Wenn du einen Dirndlernen kredenzt bekommst, bist du anerkannt"*, begeistert sich Gerhard Gatterer. So war es seit jeher. Und Gatterer muss es wohl wissen. Er hat Erfahrung im Mostgewerbe und auch im Marktfahren. Zusammen mit seiner Frau Barbara betreibt er einen Heurigen in Ober-Grafendorf im oberen Pielachtal. Wer von St. Pölten über den Völtendorfer Berg anreist, wird an der Gemeindegrenze mit dem Schild „Willkommen im Pielachtal, dem Dirndltal", begrüßt. In Ober-Grafendorf weisen dann grüne Schilder den Weg. Am Ziel angekommen, setzen wir uns erst einmal und sehen uns um.

Gerhard Gatterer lässt gern kosten, schließlich soll der Gast wissen, welche Besonderheiten es zu genießen und zu erwerben gibt. Er selbst kostet auch gern – und experimentiert mit Vergnügen.

Die Möglichkeiten der Dirndl sind noch lang nicht ausgereizt. Gatterer selbst hat, abgesehen vom *Dirndlernen,* neue Dirndlprodukte entwickelt: einen reinen Dirndlnektar oder den spritzigen „Dirndlcidre". Dieser ist eine Mischung aus Dirndlnektar und ebenfalls selbst produziertem Birnencidre und versetzt auch den Geruchssinn in Verzückung. Hält man die Nase ans Glas, glaubt man sich mitten hinein versetzt in herbstliche Wiesen, auf denen die reifen, abgefallenen Früchte – Birnen, Äpfel, Beeren, Dirndln – herumliegen und grad' nur gegessen zu werden brauchen.

Bei Gatterers gibt es auch köstliche Marmeladen. Weitere Spezialitäten wie etwa eine Dirndllimona-

Dirndl-Kränzchen

de schwebt Gatterer ebenfalls vor. Und Dirndlkekse. Richtig gebacken eine Delikatesse. Da läuft einem jetzt schon das Wasser im Mund zusammen. *„Die Dirndl ist ja schon vom Namen her was Liebliches."* Dazu dann auch noch etwas Süßes im Mund, wo gibt es Köstlicheres?

Bioladen im Dirndltal

Dass Dirndln zunehmend gefragt sind, merken auch Heike und Herbert Bauer in Rabenstein, mitten im Pielachtal. Sie betreiben hier einen Bioladen – mit wachsendem Zuspruch und natürlich auf Qualität bedacht. Der Hof der Bauers liegt wie die meisten Höfe mit Dirndl-Schwerpunkt hoch oben – am Reitberg, mit phänomenalem Berg- und Fernblick. Und mit einer Unzahl an Dirndlsträuchern, die sich über die Wiesen und Felder verteilen. Jeder Strauch ist eigentlich eine eigene Sorte, schwärmt Herbert Bauer. Dirndln haben einen Geschmack, der so weit ist wie die Welt – von herb bis süßlich, zart und beerig. Da kann man Zitronen ebenso herausschmecken wie süßeste Himbeeren. Eine vielfältige Frucht – und das sollte als Vermarktungsgrundlage eigentlich reichen.

Blick in die Zukunft

Die Dirndl hat in den letzten Jahren nicht nur im Pielachtal, sondern auch andernorts eine wahre Renaissance erfahren, die möglicherweise nur den Beginn einer Entwicklung darstellt. Der aus Salzburg stammende „Wanderforscher" Michael Machatschek, Leiter der Wiener Forschungsstelle für Landschafts- und Vegetationskunde, hat die Pflanze während seiner Lehr- und Wanderjahre kennen gelernt. *„Wenn ich irgendwo hinkomme, dann entwickelt sich mein Interesse für das Alte und Unbekannte, was noch im Gebrauch stand. Es hat ja eine Bedeutung, wenn unsere Vorgenerationen bestimmte Verwendungen bevorzugten oder altes Wissen weitergaben und somit erhalten haben. Früher kannte ich den Strauch* *nicht, da er im Salzkammergut selten kultiviert wurde und auch nicht darüber gesprochen wurde. Deshalb entwickelte ich beim Pflanzenbestimmen mit der Zeit zunehmend das Interesse für den neu entdeckten Strauch mit seinen wunderbaren Früchten. Dann stieß ich im Wienerwald und Alpenvorland auf sehr alte Bäume mit dicken Stämmen. Zumeist nutzten die Rinder den Schatten der aufgeasteten Bäume zur Mittagsrast aus. Und die Besitzer brannten daraus Dirndlschnaps, von dem ich natürlich mit Freude eine Flasche mit nach Hause nahm."*

Für Machatschek wurde die Dirndl zu einem ganz besonderen Beispiel jener „nahrhaften Landschaft", mit der er sich in mittlerweile zwei Büchern auseinandergesetzt hat. *„Die Blüten erfreuen schon bald im Frühling. Das wunderbare Aroma der ausgereiften Steinfrüchte und die wohl beste Marmelade, die ich kenne, verführen im Herbst. Auch faszinieren mich die länglichen, getreidekornähnlichen Kerne. Aber am meisten Respekt habe ich vor den alten Bäumen und der darin über viele Generationen investierten Arbeit. In manchen steckt die Pflegearbeit von mindestens zwölf bis fünfzehn Generationen. Die Menschen haben für mehrere Generationen gedacht und für die Existenzen der Nachkommen Vorsorge geleistet, so wie es ihre Vorgenerationen taten. Die Großeltern pflanzten Gehölze für die Enkelgenerationen."*

Eine Tradition, die in Bezug auf die Dirndl gerade jetzt wieder erkannt und wiederbelebt wird. Die Verarbeitung der einzelnen Teile der Dirndl, vor allem aber der Früchte, ist freilich noch nicht so geläufig wie etwa die von Kirschen und Zwetschken. Machatscheks Lieblingsgericht ist *„unbestritten die Marmelade"*, vor allem jene, die *„mit Banane gemischt ist, weil sie dann die säuerliche Überbetonung verliert. Wenn ich bei Wanderungen nur geringe Mengen sammeln kann, dann strecke ich die Ernte etwas mit dieser exotischen Frucht und erhalte dann auch einige Gläser voll für das Frühstück."* Oder bei der Bereitung der „Dirndl-Oliven", von denen im Folgenden noch die Rede sein wird. *„Die Früchte dürfen nicht vollständig ausgereift sein, weil sie dann während der Erhitzung und danach leicht aufreißen und breiig werden. Wenn sie fest im Griff sind – also kurz vor der Endreife zur Marmeladebereitung – und nicht patzig sind, dann sind die Früchte am besten geeignet."* Fazit: Wir müssen etliches in Bezug auf die Dirndl wieder lernen. Vieles ist schon verloren gegangen, vieles aber findet sich in alten Büchern, hat von da sogar den Weg ins *world-wide-web* gefunden oder wird wieder weitererzählt. Alte Verwendungsarten ebenso wie alte Rezepte. Und in einigen Fällen lässt sich Altüberliefertes sogar mit neuem Wissen, speziell was den ökologischen Bereich betrifft, anreichern. *„Das Wissen kann"*, so Machatschek, *„über das Ausprobieren wieder hergeleitet werden, wenn man eine Ahnung entwickelt, wie man Erzeugnisse machen kann. Für so ausgefallene Produkte kann man auch etwas verlangen, steckt doch viel Handarbeit von der Baumkultivierung, dem Sammeln und der Verarbeitung her in den Erzeugnissen. Hier würden sich neue Chancen eröffnen, zeugen doch gerade Dirndlprodukte von ganz eigenen Geschmacksrichtungen innerhalb der Vielfalt unserer Früchte."*

Im Pielachtal hat man diese Anregung aufgegriffen und sich auf den Weg gemacht. Jedes Jahr ein neuer kleiner Schritt, jedes Jahr zumindest ein neues Dirndlprodukt. Und das ist, wie die Beteiligten versichern, nicht nur Arbeit. Es macht auch Spaß, neue Produkte und Gerichte zu entwickeln und schlussendlich zu genießen.

Reife Dirndln

DIRNDLREZEPTE AUS ALLER WELT

Die Dirndl hat einen eigenen, mit anderen Früchten nur schwer vergleichbaren Geschmack. Ebendieser macht ihre Besonderheit auch in der Küche aus. Entsprechende Rezepte jedenfalls gibt es in Hülle und Fülle. Im Folgenden ein kleiner Ein- und Überblick dazu. Die Rezepte stammen einerseits aus verschiedenen Teilen der Welt – als Belege dafür, wie weit verbreitet die Dirndlküche ist. Sie mögen uns zu neuen kulinarischen Perspektiven anregen. Andererseits sind es althergebrachte Speisen, natürlich vorwiegend aus dem *Dirndltal.* Ich möchte an dieser Stelle ausdrücklich allen Pielachtalern danken, die mich an ihren Kochkünsten teilhaben ließen. Beginnen werden wir unsere Reise durch die Welt der kulinarischen Dirndl-Köstlichkeiten dort, wo die Pflanze ihren Ursprung hat, im Kaukasus.

Geerntete Dirndln

Schetschamandy

Zutaten
500–750 g Dirndln
1 l Wasser
2 Zwiebeln
2 EL Weizenmehl
4–5 Knoblauchzehen, gehackt
1 EL frische Minze, gehackt

Zubereitung

Die Dirndln durch ein emailliertes Sieb streichen. Den Saft mit dem Fruchtfleisch in ein Gefäß aus Email, Porzellan oder Glas geben. Die Rückstände und Kerne mit Wasser auffüllen und 5 bis 7 Minuten kochen. Anschließend abseihen. Zum Kochsud die fein gehackten Zwiebeln und das mit etwas kaltem Wasser verquirlte Mehl geben. Das Ganze unter Rühren aufkochen und 15 Minuten köcheln lassen. Eine Minute vor Fertigstellung Minze und Knoblauch sowie den rohen Dirndlsaft mit Fruchtfleisch dazugeben.

Tipp

Das Rezept dieser Dirndlsuppe wurde vermittelt von georgischen Schülerinnen und ist unter anderem auch zu finden auf www.kirchenweb.at/kochrezepte/suppen/milchsuppe/schetschamandy.htm und www.abchasienhilfe.com/docs/essen_trinken/essen_trinken_vorspeisen3.html

Huhn mit Dirndln

Zutaten
1 Huhn (1–1,5 kg)
Salz
200 g Dirndln
1 EL Weizenmehl
75 g zerlassene Butter
120 ml Hühnersuppe
2 TL Zucker
50 g Rosinen
3 EL Petersilie, gehackt
1 EL Dill, gehackt
Pfeffer aus der Mühle

Zubereitung

Das Huhn mit Salz würzen und braten oder kochen. Das Fleisch in ca. 3 bis 4 cm große Stücke schneiden. Die Dirndln mit heißem Wasser überbrühen und durch ein Sieb streichen. Aus Mehl und Butter eine hellbraune Einmach zubereiten und mit Hühnerbrühe ablöschen, das Dirndlmus zugeben, gut durchrühren und nochmals aufkochen lassen. Das Hühnerfleisch dazugeben, mit Zucker, Rosinen, Petersilie, Dill und Pfeffer würzen und zusammen 5 bis 6 Minuten erhitzen.

Tipp

Ein Rezept aus Armenien, serviert von www.chefkoch.de.

Scherbett

Zutaten
1,75 l Wasser
125 g Zucker
1 Packung Scherbett-Pulver (erhältlich in türkischen Geschäften)

Zubereitung

Den Zucker im Wasser auflösen, das Scherbett-Pulver beimengen. Kalt trinken.

Tipp

Dieses Rezept stammt von türkischen Deutsch-Schülerinnen. Auch in der Türkei gibt es unzählige Dirndlrezepte. Scherbett, türkisch *Şerbet,* hat eine lange Tradition, nicht nur in der Türkei. Der Name bedeutet schlicht „Getränk". Er leitet sich her vom arabischen Ausdruck *šarba,* übersetzt „trinken". Zur Zeit des Osmanischen Reiches war es ein als heilkräftig geltender Dirndlsaft, der auch im Haus des Sultans genossen wurde. Damals war es üblich, zusätzlich zur Dirndl noch Hagebutten, Lakritze und verschiedenste Heilkräuter dem Getränk beizumischen. Heute ist es – in der Türkei und auch bei uns – eine einfach zuzubereitende Limonade. In Persien ist das Scherbett Bestandteil der täglichen Mahlzeit. In Mitteleuropa wurde aus dem orientalischen Getränk Sorbet, ein Speiseeis ohne Fett auf Fruchtbasis.

Serail Tarhana
(Dirndl-Tarhana-Suppe)

Zutaten
2 Zwiebeln
3 Knoblauchzehen
2 Tomaten oder 2 EL Tomatenmark
3 EL Butter
200 g Faschiertes vom Lamm, Kalb oder Hammel
1 l Fleischbrühe vom Lamm oder Kalb
100 g Tarhana (erhältlich in türkischen Geschäften)
Salz
Pfeffer aus der Mühle
1 TL Rosenpaprikapulver
1 Handvoll Dirndln

Zubereitung

Zwiebeln und Knoblauchzehen schälen und klein schneiden. Die Tomaten kreuzweise einschneiden, mit kochendem Wasser überbrühen, häuten und die Stielansätze entfernen. Die geschälten Tomaten klein schneiden. Die Butter in einem Topf erhitzen, Zwiebeln und Knoblauch darin andünsten, die Tomatenstücke oder das Tomatenmark unter Rühren zufügen. Dann das Faschierte unterrühren und kräftig braun anbraten. Mit der Fleischbrühe aufgießen, aufkochen lassen und zuletzt das Tarhana langsam dazugeben und unter Rühren auflösen. Die Suppe 10 Minuten kochen lassen und mit Salz, Pfeffer und Paprikapulver abschmecken. Die Dirndln frisch oder getrocknet mit Kern auf die Teller verteilen und mit der Suppe verrühren.

Tipp

Auch dieses köstliche Suppenrezept stammt von türkischen Deutsch-Schülerinnen.

Kornelkirschenkompott

Zutaten	**Zubereitung**
0,5 l Zucker *250 ml Wasser* *1 TL Zitronensaft* *500 g Dirndln* *1–2 TL Arrak*	Zucker läutern. Dazu wird der Zucker im Wasser aufgelöst und in 5 Minuten zu einem Sirup gekocht. Den Zitronensaft hinzufügen. Die Früchte einmal darin aufkochen lassen, dann herausnehmen, die Zuckerlösung etwas einkochen, mit Arrak abschmecken und kochend heiß über die Dirndln gießen. Diese darin erkalten lassen.

Tipp

Dirndlrezepte waren früher im gesamten deutschen Sprachraum verbreitet. Wer alte Kochbücher durchblättert, wird immer wieder auf das eine oder andere Rezept stoßen. Das Kompottrezept wie auch das Saucenrezept der folgenden Seite stammen aus dem 1886 in Leipzig in dritter Auflage erschienenen *Universal-Lexikon der Kochkunst.* Sie wurden von mir nur leicht adaptiert. Wer mehr dieser alten Rezepte nachlesen will, sei auf die Homepage von Jan Cornelissen verwiesen (http://www.cornelissen.de).

Eingelegte Kornelkirschen

Zutaten
500 g noch nicht ganz ausgereifte Dirndln
250 ml Weinessig
1/2 EL Salz
1/2 TL Senfkörner
1/2 TL Wacholderbeeren
1/2 TL Zucker
1 kleine Zwiebel

Zubereitung

Die Früchte in ein Glas geben. Den Weinessig mit Salz, Senfkörnern, Wacholderbeeren, Zucker und einer aufgeschnittenen Zwiebel aufkochen. Den Sud über die Früchte geben und das Glas verschließen. Am nächsten Tag die Flüssigkeit abgießen, nochmals erwärmen und wieder über die Früchte gießen. Die eingelegten Kornelkirschen mindestens zwei Wochen in einem Glas zugedeckt im Kühlschrank durchziehen lassen. Danach wie Oliven naschen oder weiterverarbeiten. Der Essig kann für Salate verwendet werden.

Tipp

Die Dirndl wird oft als „Olive der nördlichen Länder" gepriesen. Was der mediterranen Küche die Olive ist, ist bei uns die Dirndl. Und da bietet sich als Allererstes – auch historisch seit ältester Zeit belegt – das Einmachen der Früchte an. Bis heute ist dies eine der häufigsten Methoden der Dirndlverarbeitung. Wenn die Früchte im Herbst infolge eines frühen Wintereinbruchs nicht ausreiften, hat man sie früher einfach in Salzwasser und Essig und später in Öl eingelegt.

Kornelkirschensauce

Zutaten
500 g Dirndln
750 ml Wasser
250 ml Rotwein
125 g Butter
etwas Koriandersamen
2 Stück Zimtrinde
360 g Zucker
Schale einer Zitrone
1 TL Pfeilwurzel- oder Kartoffelmehl zum Binden

Zubereitung

Die Früchte mit dem Wasser, zwei Drittel des Rotweins, der Butter, etwas Koriander und der Zimtrinde langsam eine Stunde lang kochen. Danach durch ein Sieb streichen, mit dem restlichen Rotwein, dem Zucker und der Zitronenschale verrühren. Zuletzt das Pfeilwurzel- oder Kartoffelmehl mit etwas kaltem Wasser glatt rühren und in die kochende Sauce einrühren. Aufkochen. Die Sauce kann kalt oder warm verzehrt werden.

Kornelkirschen in Gewürzessig

Zutaten

1 kg ausgereifte Dirndln
500 ml Rotweinessig
1 TL Gewürznelken
1 TL Senfkörner
1 TL Wacholderbeeren
1 EL Salz
1 TL Zucker

Zubereitung

Die Dirndln waschen und in Gläser mit Schraubverschluss füllen. Den Essig mit den Gewürzen und dem Zucker mischen und über die Dirndln gießen. Mindestens 2 Monate gut verschlossen im Keller oder Kühlschrank ziehen lassen.

Tipp

In den letzten Jahren hat sich das Internet als Rezeptaustauschbörse etabliert. Unter dem Dargebotenen finden sich auch immer mehr Dirndlspeisen. Dieses Rezept stammt, wie auch einige der folgenden, aus dem reichen Fundus der vernetzten Küche, es wurde präsentiert auf kulinarix.de.

Ein Zusatztipp von kulinarix: *„Kornelkirschen kann man wie Oliven zum Aperitif reichen. Die entkernten Kornelkirschen sind eine köstliche Beilage zu Wildterrinen. Den Gewürzessig aufheben, mit seinem feinen Aroma eignet er sich zum Beispiel bestens zum Verfeinern von Wildsaucen."*

Kornelkirschenkonfitüre mit Pfirsichen

Zutaten
500 g Dirndln
2–3 Pfirsiche
Gelierzucker (so viel wie Fruchtmark und Pfirsichfleisch zusammen wiegen)

Zubereitung

Die Dirndln waschen und knapp mit Wasser bedeckt weich kochen. Das Wasser abgießen und die Früchte durch ein Sieb drücken. Die Pfirsiche mit kochendem Wasser überbrühen, sofort mir kaltem Wasser abschrecken, häuten und das von den Steinen gelöste Fruchtfleisch in Stücke schneiden. Das Dirndlfruchtmark und das Pfirsichfleisch gemeinsam abwiegen und mit der gleichen Menge Gelierzucker in einen Topf geben, zum Kochen bringen und vier Minuten sprudelnd kochen lassen. Heiß in saubere Gläser abfüllen und sofort verschließen.

Tipp

Natürlich finden sich auch in kulinarischen Zeitschriften Rezeptangebote zur Dirndl. Diese Konfitüre ist eines der ältesten Beispiele dafür, veröffentlicht 1983 in der in Hamburg erscheinenden Zeitschrift *essen & trinken,* Sonderausgabe „Einmachen".

Römercreme

Zutaten	**Zubereitung**
500 g Dirndln *125 ml trockener Weißwein* *80 g Grieß* *150 g Zucker* *100 ml Schlagobers*	Die Dirndln gut waschen, in einem Topf mit etwas Wasser einmal kurz aufkochen. Das Wasser abgießen und die Früchte durch ein Sieb drücken. Das so gewonnene Fruchtmark mit dem Weißwein aufkochen und den Grieß einrühren. Kurze Zeit köcheln lassen, den Zucker zugeben und auskühlen lassen. Zuletzt das steif geschlagene Schlagobers unterheben.

Tipp

Dass die Dirndl-Küche in letzter Zeit wieder etwas mehr geschätzt wird, davon zeugen auch Rezepte, die in Kochbüchern abgedruckt werden. Eva Schneider gibt in ihrem 2004 in dritter Auflage erschienenen Büchlein *...und morgen pflück ich Löwenzahn – Wildkräuter-Rezepte für Einsteiger* einige Tipps für Marmeladen und Säfte und präsentiert schließlich eine Spezialität, die auch der Leserschaft dieses Buches nicht vorenthalten werden soll. Ergänzend zu diesem Rezept schreibt Schneider *„Solch ein Dessert lässt sich kein Römer entgehen"* – daher also der Name –, *„meist muss man sehr schnell sein, um etwas davon zu ergattern."*

In leichter Abwandlung wird dieses Rezept auch von der „Waldfee" auf http://board.mahkah.com serviert.

Kornelkirscheneis

Zutaten
200 g Zucker
500 ml Kirschsaft
1 kg Dirndln
200 g Portwein, rot
2 Gewürznelken
1/2 Zimtstange

Zubereitung

Den Zucker in einem Topf hellbraun karamellisieren lassen, mit dem Kirschsaft ablöschen. Dann die gewaschenen Dirndln und alle anderen Zutaten zugeben und ca. 30 Minuten köcheln lassen. Die Gewürze herausnehmen und durch ein feines Sieb streichen. Das Fruchtmark kalt stellen und danach in die Eismaschine geben.

Tipp

Eines der modernsten Rezepte auf unserer Reise durch die Dirndlküche ist das Dirndleis. Im Pielachtal wird es im Sommer von mehreren Produzenten angeboten. Auch der Berliner Meisterkoch Thomas Kammeier hat sich mit der Herstellung von Dirndleis auseinandergesetzt. Er stellte seinen hier angeführten Rezept-Vorschlag erstmals in der „Berliner Zeitung" vom 4./5.9.2004 auf der Seite „Genuss" vor. Die von ihm beigemengten Gewürze sollen den Eigengeschmack der Dirndl nur unterstützen und nicht überdecken.

DIRNDLREZEPTE AUS DEM PIELACHTAL

Dass die Dirndl in der letzten Zeit auch Eingang in die gehobene Küche gefunden hat, davon war schon die Rede. Auf den folgenden Seiten finden wir ein dreigängiges Dirndl-Menü, das vom Gasthof Kalteis in Kirchberg an der Pielach, einem auch überregional renommierten Betrieb des Dirndltals, dargeboten wird. Auch eine Pielachtaler Bäuerin lässt uns in ihrer Küche über die Schulter schauen. Lassen Sie sich verführen von Hirschrücken, Parfait, Dirndlroulade und Topfenmus.

Rosa gebratener Hirschrücken
mit Dirndlsauce und Eierschwammerlstrudel

Zutaten

Strudel:

400 g Kartoffeln, mehlig
400 g Eierschwammerl, geputzt
2 Schalotten
1 Knoblauchzehe
Salz, Pfeffer
1 Zweig frischer Thymian, gehackt
3 EL Petersilie, gehackt
4 Eidotter
Butter zum Braten
ca. 100 g Strudelteig (aus dem Kühlregal)

Hirschrücken:

1 kg Hirschrücken, ausgelöst
Salz, Pfeffer
3 Wacholderbeeren, angedrückt
Butterschmalz zum Braten
40 ml Dirndlbrand
125 ml Rotwein
3 EL frische Dirndln
1 EL Steinpilzmehl

Zubereitung

Die Kartoffeln weich kochen, schälen und mit einer Gabel zerdrücken. Die Eierschwammerl in feine Scheiben schneiden und in aufgeschäumter Butter sautieren. Die fein gehackten Schalotten und den Knoblauch goldgelb anschwitzen. Mit den Eierschwammerln, den Kartoffeln sowie den Dottern zu einer lockeren Masse vermengen. Mit Salz, Pfeffer, Thymian und Petersilie würzen und die Fülle portionsweise in das Strudelblatt einschlagen, mit Butter bestreichen und bei 170 °C ca. 25 Minuten im Backofen backen.

Das Fleisch mit Salz, Pfeffer und Wacholderbeeren würzen und in Butterschmalz rundum scharf anbraten, die Hitze reduzieren und rosa fertig braten. Das Fleisch in eine Alufolie wickeln und warm ca. 10 Minuten rasten lassen.

Die Bratenrückstände mit Dirndlschnaps ablöschen, Rotwein und Dirndlsaft dazugeben und reduzieren. Mit Steinpilzmehl binden. Zum Schluss die frischen Dirndln dazugeben und nochmals aufkochen. Mit Salz und Pfeffer abschmecken.

Den Hirschrücken in nicht zu dünne Scheiben schneiden, mit Sauce und Strudel anrichten.

Tipp

Die Menge reicht für sechs Personen, serviert wird das Menü von der Köchin Theresia Kalteis.

Entenleberparfait
mit süß-saurem Dirndlkompott

Zutaten
Parfait:
100 g Äpfel
40 g Schalotten
125 g Butter
1 EL Honig
450 g Entenleber
100 g Crème fraîche
1 TL Pökelsalz
3 Eier
1 Eidotter
Salz, Pfeffer
20 ml Amaretto
Süß-saures Kompott:
2 EL Zucker
200 ml Rotwein
100 ml Rotweinessig
1 nussgroßes Ingwerstück
2 Gewürznelken
Schale von 1/2 Zitrone
10 Zwetschken, entkernt und halbiert
1 feste Birne, geschält und in Spalten geschnitten
100 ml Dirndlsaft
1 TL Speisestärke
3 EL Dirndln

Zubereitung

Die Äpfel schälen, das Kerngehäuse entfernen. Die Schalotten schälen und beides in kleine Würfel schneiden. 3 EL Butter erhitzen, die Schalotten farblos anschwitzen, Äpfel und Honig dazugeben und 5 Minuten dünsten, vom Herd nehmen und abkühlen lassen. Entenleber putzen und in kleine Stücke schneiden, mit Crème fraîche, Pökelsalz, Pfeffer, Amaretto und der Apfel-Schalotten-Mischung fein pürieren. Die Eier und den Eidotter nach und nach einarbeiten. Den Rest der Butter zerlassen und in dünnem Strahl einlaufen lassen. Alles zu einer homogenen Masse verrühren. Die Entenfarce durch ein feines Sieb streichen und abschmecken. Die Masse in eine gebutterte feuerfeste Form füllen und mit Alufolie abdecken. Im Wasserbad – das Wasser sollte 2/3 der Höhe der Form erreichen – bei 100 °C im vorgeheizten Backofen ca. 90 Minuten garen. Herausnehmen und erkalten lassen.

Inzwischen den Zucker für das Kompott karamellisieren, mit Rotwein und Essig ablöschen. Geschälten Ingwer, Nelken und Zitronenschale zugeben und 10 Minuten leicht köcheln lassen. Die Zwetschken und die Birnenspalten zugeben und bei schwacher Hitze bissfest garen. Die Früchte aus dem Sud heben, Ingwer und Nelken entfernen. Die Speisestärke in etwas kaltem Dirndlsaft anrühren und den Sud damit binden. Den Topf vom Herd nehmen, etwas abkühlen lassen. Zwetschken, Birnen und die Dirndln unterziehen und auskühlen lassen.

Das Parfait anrichten. Dazu einen Esslöffel in warmes Wasser tauchen und Nockerl ausstechen, mit dem Kompott servieren. Ofenfrisches Brioche passt ganz hervorragend dazu.

In saubere Gläser gefüllt, ist das Kompott ca. 3 Wochen im Kühlschrank haltbar.

Dirndlbiskuitroulade

Zutaten
Teig:
3 Eier
3 EL heißes Wasser
150 g Zucker
1 Pkg. Vanillezucker
100 g Mehl
50 g Speisestärke
1 TL Backpulver
Fülle:
200 ml Dirndlkompott
250 ml Schlagobers
1 Pkg. Sofortgelatine

Zubereitung

Die Eier in Eiklar und Dotter trennen. Das Eiklar mit dem Wasser sehr steif schlagen, dabei zum Schluss Zucker und Vanillezucker langsam einrieseln lassen. Eidotter verquirlen und unter den Eischnee ziehen. Mehl, Speisestärke und Backpulver vermischen, über die Masse sieben und locker unterheben. Die Masse auf ein mit Backpapier belegtes Blech streichen und bei 200 °C goldgelb backen. Sofort nach dem Backen die Teigplatte auf ein befeuchtetes Geschirrtuch stürzen, das Backpapier abziehen und die Teigplatte mit dem Geschirrtuch aufrollen.

Schlagobers mit 3 EL Sofortgelatine vermischen und steif schlagen. Das Dirndlkompott mit der restlichen Sofortgelatine verrühren. Die Teigplatte aufrollen und mit dem Dirndlkompott bestreichen. Schlagobers daraufgeben und die Rolle zusammenrollen, ca. 2 Stunden kalt stellen.

Tipp

Das Rezept stammt von Manuela Grasmann vom Lechner Hof. Sie hat auch ein kleines Buch mit eigenen Dirndlrezepten verfasst.

Topfenmus mit Dirndlgelee

Zutaten
Topfenmus:
2 Blatt Gelatine
300 g Topfen, 20% FiT
1 Vanillestange
2 Eidotter
100 g Staubzucker
Saft einer Zitrone
250 ml Schlagobers
Dirndlgelee:
4,5 Blatt Gelatine
300 ml Dirndlsaft
80 g Staubzucker

Zubereitung

Die Gelatineblätter in kaltem Wasser einweichen. Die Vanillestange mit einem Messer aufschneiden, das Mark entnehmen und mit Eidotter und Zucker über Wasserdampf warm schaumig schlagen. Anschließend kalt schlagen und den Topfen einrühren. Die Gelatineblätter ausdrücken, im leicht erwärmten Zitronensaft auflösen und unter die Topfenmasse rühren. Das geschlagene Schlagobers vorsichtig unter die Masse ziehen. In hübsche Gläser füllen und 3 Stunden kalt stellen.

Für das Dirndlgelee die Gelatineblätter in kaltem Wasser einweichen. Den Dirndlsaft mit dem Zucker aufkochen und etwas abkühlen lassen. In den warmen Dirndlsaft die ausgedrückte Gelatine einrühren. Das Dirndlgelee auf die gut gekühlte Topfenmasse geben und für weitere 2 Stunden kalt stellen.

Tipp

Dirndlsaft kann man auch selbst herstellen. Dazu müssen die Früchte unter Beigabe von Wasser zunächst gekocht werden. Danach werden sie ausgepresst und in Flaschen gefüllt. Der Saft hat einen leicht herben Geschmack.

Dirndlmarmelade

Zutaten
1 kg Dirndln
500 ml Wasser
1 kg Kristallzucker

Zubereitung

Die Dirndln knapp mit Wasser bedecken und weich kochen. Nach etwa 5 Minuten die Früchte herausschöpfen, abkühlen lassen und die Kerne entfernen. In den Kochsud den Zucker einrühren und einige Minuten leicht köcheln. Die entkernten Früchte zugeben und weitere 4 Minuten kochen. Heiß in saubere Gläser abfüllen.

Tipp

Die Dirndlmarmelade ist das am häufigsten im Pielachtal zu findende Produkt. Ein paar Tipps zur Zubereitung: Eingefrorene Dirndln verlieren beim Auftauen Gerbsäure. Die Marmelade schmeckt dann also etwas süßer. Besonders gut schmecken auch Kombinationen der Dirndl mit Waldhonig (3 EL auf die oben angegebene Menge), Pfirsich, Apfel und Holunder.

Wiener Kaffee nach Michael Machatschek

Zum Abschluss unseres Rundgangs durch die Welt des Dirndlgenusses wollen wir eine kleine Besonderheit genießen, über die viel gerätselt wurde – den Wiener Kaffee nach guter alter Tradition. Früher, und das heißt bis ins 20. Jahrhundert hinein, wurden die Dirndlkerne in Österreichs Bundeshauptstadt geröstet und gemahlen als Kaffeezusatz genutzt. Der angenehme, an Vanille erinnernde Duft soll den Wiener Kaffee einst so bekannt und beliebt gemacht haben. Im Dirndlzusatz lag also, wie Viktor Lohner in seinem 1941 erschienenen Buch *Mensch und Heilpflanze* schreibt, das *„Geheimnis der Wiener Melange"*.

Zutaten

Dirndlkerne (wie sie z. B. bei der Marmeladebereitung übrig bleiben)

Zubereitung

Die Dirndlkerne trocknen, hellbraun rösten und fein vermahlen. Das Pulver der gerösteten Kerne zusammen mit Kaffeepulver in heißem Wasser ansetzen.

Tipp

Je nach Geschmack mit Zucker oder Honig süßen.

Literatur zur Dirndl (Auswahl)

Andreas Alberts, Peter Mullen, Margot Spohn: Die Baum- und Strauchapotheke. Von Ahornsirup bis Zedernöl. Bestimmung, Wirkung, Wohlbefinden, Kosmos-Naturführer, Stuttgart, 2004

Sonja Anzberger: Die Verwendung von Kornelkirsche (Cornus mas) und Hartriegel (Cornus sanguinea) in der Ingenieurbiologie und Vegetationstechnik, Diplomarbeit, Wien, 1999

Werner Bartels u.a.: Herstellung von Kornelkirschenwasser, in: Die Kleinbrennerei Nr. 7/1998

Frank H. Diekmann, Wolfgang Spethmann: Monographie der Gattung Cornus, Verlag Gartenbild Hansmann, Rinteln, 1996

Gerhard Friedrich, Herbert Petzold: 300 Obstsorten in Wort und Bild, Neumann Verlag, Radebeul, 1993

Gerhard Friedrich, Werner Schuricht: Seltenes Kern-, Stein- und Beerenobst, Verlag Gartenbild Hansmann, Leipzig, Radebeul 1986 bzw. 1989:2

Bernhard Gamsjäger: Dirndl im Dirndltal, Manuskript, St. Pölten 2005

W. Graf, O. Kreß: Leuchtend rote Kornelkirsche, in: Obst und Garten 115, S. 12 – 13

Gustav Hegi (Hg.): Illustrierte Flora von Mitteleuropa, Band V, J.F. Lehmanns Verlag, München, 1926:2 (mittlerweile als Nachdruck im Weissdorn-Verlag, Jena, erschienen)

Hildegard von Bingen: Physica. Textkritische Übersetzung von Marie-Louise Portmann, Basler Hildegard-Gesellschaft, Basel,1991

LÖBF NRW: Merkblatt zur Artenförderung – Kornelkirsche, Düsseldorf, 2000

Michael Machatschek: Nahrhafte Landschaft, Böhlau Verlag, Wien, Köln, Weimar, 2003:2

Heinrich Marzell: Wörterbuch der deutschen Pflanzennamen, 1. Band, Hirzel, Leipzig, 1943

Gabriele Probst: Wildfrüchte. Köstlichkeiten und Heilmittel aus Wald und Flur, Pietsch, Stuttgart, 1986

Reinhard Schiller: Hildegard Medizin Praxis – Rezepte für ein gesundes Leben. Heilmittel im Einklang mit der Umwelt, Wahrung der ursprünglichen Lebenskraft, Econ, Augsburg, 1990

Uwe Schlüter: Die Eignung von Holzarten für den Busch- und Hecklagenbau. Untersuchungen an mergelhaltigen Kalkstein- und Lößlehmböschungen (Landschaft und Stadt, Beiheft 6), Stuttgart, 1971

Eva Schneider: ... und morgen pflück ich Löwenzahn. Wildkräuter-Rezepte für Einsteiger, Verlag Ökologie und Pädagogik, München, 2004:3

Wighard Stehlow: Hildegard von Bingen Kochbuch, Heyne, München, 1996

Andreas Zeitlhöfler: Die obstbauliche Nutzung von Wildobstgehölzen, Diplomarbeit, Viechtach, 2001

Die Dirndl im Internet

Umfassende Informationen

www.cornelissen.de/jan/menue.html
http://de.wikipedia.org/wiki/Kornelkirsche

Allgemeines

www.ciao.de/Kornelkirsche__Test_2683613
www.zeitlhoefler.de/garteninfos/str_cma.html
www.netencyclo.com/de/Kornelkirsche
www.garteninfos.de/wildobst/Dipl2-3.html
www.gartenfreunde.de/archiv/2001-03/fruehlings-botealswegbereiterfuerdenherbstdiekornelkirsche
www.gartendatenbank.de/artikel/cornus-mas
www.baumkunde.de/baumdetails.php?baumID=0155
www.botanikus.de/Beeren/Kornelkirsche/kornelkirsche.html
www.ingolstadt.de/stadtmuseum/scheuerer/donau/flora-10.htm

Pielachtaler Dirndln

www.niederoesterreich.at/pielachtal/?tt=PIELACHTAL_R4

Züchtungen

www.garteninfos.de/wildobst/Dipl2-3.html
www.baumschule-frank.com/cornus_mas.htm
http://zipcodezoo.com/Plants/SNC_053.asp?

Rezepte

www.chefkoch.de/forum/2,15,99657,4/Kornelkirsche-Herlitze-oder-Dirndl-wenig-bekannte-Schaetzchen-aus-dem-Garten.html

Ziegenhainer

www.ziegenhainer-stoecke.de/
www.cornelissen.de/name/cor_kir5.htm
www.dr-volta.de/html/ziegenhainer.htm

Heilwirkungen

www.brawer.de/hobbies/pflanzen.htm

Über das Pielachtal

www.pielach.at
www.mariazellerbahn.at
www.steinschaler.at

Die Region Pielachtal

Das vorliegende Buch wurde gefördert
durch die Gemeinden der Region Pielachtal:

Marktgemeinde Frankenfels
T. 02725/245-0, marktgemeinde@frankenfels.at,
www.frankenfels.at

Gemeinde Schwarzenbach
T. 02724/205, gde.schwarzenbach@wavenet.at,
www.tiscover.at/schwarzenbach.pielach

Gemeinde Loich
T. 02722/8225, gemeinde.loich@wavenet.at,
www.tiscover.at/loich

Marktgemeinde Kirchberg an der Pielach
T. 02722/7309, gemeinde@kirchbergpielach.at,
www.kirchberg-pielach.at

Marktgemeinde Rabenstein an der Pielach
T. 02723/2250, gemeinde@rabenstein.gv.at,
www.rabenstein.gv.at

Marktgemeinde Hofstetten-Grünau
T. 02723/8242, gemeinde@hofstetten-gruenau.at,
www.hofstetten-gruenau.at

Gemeinde Weinburg
T. 02747/2616, gem.weinburg@weinburg.eu,
www.weinburg.eu

Marktgemeinde Ober-Grafendorf
T. 02747/2313, gemeindeamt@ober-grafendorf.at,
www.ober-grafendorf.at

Die Region erhielt in den letzten Jahren eine Fülle von Auszeichnungen, darunter:

Genussregion

Österreichweite Anerkennung als Genussregion „Pielachtaler Dirndl", Auszeichnung im Juni 2007 in Ottenstein durch Bundesminister DI Josef Pröll

LEADER Top Innovationspreis

3. Platz in einer österreichweiten Bewertung für die Markenentwicklung „Dirndltal", Auszeichnung im Februar 2007 im Lebensministerium

Royal Destination Award for Sustainable Tourism

2. Platz für nachhaltigen Tourismus, Auszeichnung im April 2007 in St. Andrews / Schottland

EU Award European Destinations of Excellence

„Beste aufstrebende ländliche Destination", Auszeichnung im Juni 2007 im Lebensministerium

Die vermutlich älteste Dirndl Österreichs
in Türnitz

Bildquellen

Umschlag: Fritz Kalteis
Inhalt: alle Bilder von Fritz Kalteis, außer:
S. 16: APS Photo Unit und
National Clonal Germplasm Repository
S. 18: Eduard Gugenberger
S. 22, 62: Sonja Anzberger
S. 24: Otto Wilhelm Thomé
S. 128: Engelbert Groiß

Impressum

Die Deutsche Bibliothek – CIP-Einheitsaufnahme
Die Deutsche Bibliothek verzeichnet diese Publikation in der Deutschen Nationalbibliografie; detaillierte bibliografische Daten sind im Internet über http://dnb.ddb.de abrufbar.

Die Studien und Erkenntnisse in diesem Buch wurden sorgfältig recherchiert und nach bestem Wissen und Gewissen wiedergegeben.

Redaktion: Rosemarie Zehetgruber –
gutessen consulting, Wien
Umschlag & Layout: Ravenstein und Partner, Verden
Satz: armanda,geisler Wien
Bildreproduktion: Hantsch & Jesch
PrePress-Services OEG, Wien

Druck und Bindung: Westermann, Zwickau
Printed in Germany

ISBN 978-3-7040-2261-5